Nicolai Hartmann
Philosophische Grundfragen der Biologie

AF281861

Nicolai Hartmann

PHILOSOPHISCHE GRUNDFRAGEN DER BIOLOGIE

Herausgegeben von Thomas Rolf

»INTENTIO RECTA«
BAND 4

Bibliografische Information der Deutschen Nationalbibliothek: Die Deutsche Nationalbibliothek verzeich-
net diese Publikation in der Deutschen Nationalbibli-
ografie; detaillierte bibliografische Daten sind im In-
ternet über http://dnb.dnb.de abrufbar.

Verlag:
BoD · Books on Demand GmbH, Überseering 33,
22297 Hamburg, bod@bod.de
Druck:
Libri Plureos GmbH, Friedensallee 273, 22763 Hamburg

ISBN: 978-3-8192-0945-1

INHALT

Nicolai Hartmann:
Philosophische Grundfragen der Biologie

Nicolai Hartmanns Schrift »Philosophische Grundfragen der Biologie« erschien ursprünglich 1912 im Göttinger Verlag Vandenhoeck & Ruprecht (als Band 6 der Reihe „Wege zur Philosophie. Schriften zur Einführung in das philosophische Denken"). In ihr zeichnen sich die Umrisse jener Schichtenlehre ab, die Hartmann in seinen späteren Werken zur Ontologie entwickelt. In Bezug auf das Lebensproblem nimmt die Schrift in Ansätzen jene kategorialontologische Perspektive vorweg, die Hartmann 30 Jahre später in seiner Untersuchung »Philosophie der Natur« (1944) umfassend entfalten wird.

Die vorliegende Neuedition orientiert sich an folgender Ausgabe: Nicolai Hartmann: Kleinere Schriften, Band III: Vom Neukantianismus zur Ontologie, Berlin (Walter de Gruyter & Co.) 1958, Seite 78-185. Die Orthographie wurde behutsam modernisiert. Zahlen in eckigen Klammern im Haupttext verweisen auf die Seitenzahlen der oben genannten Ausgabe.

Mai 2025
Thomas Rolf

NICOLAI HARTMANN

PHILOSOPHISCHE GRUNDFRAGEN DER BIOLOGIE

ERSTES KAPITEL

Das Problem des Lebens und seine Teilprobleme

[78] Wenn man an ein wissenschaftliches Problem mit philosophischer Methode herantritt, um ihm die prinzipiellen Grundlagen abzugewinnen, auf denen sein Inhalt sich erbaut, so ist es immer die erste Angelegenheit, die quaestio facti ins Reine zu bringen, d.h. sich über den vorliegenden Bestand des Problems selbst als solchen Rechenschaft zu geben. Und will man hierbei sicher gehen, so muß man sich an diejenige Wissenschaft halten, die das betreffende Problem zu ihrem speziellen Gegenstand hat.

[79] In unserem Falle haben wir es mit einem ganzen Zyklus von Spezialwissenschaften zu tun, die alle gemeinsam, nur von verschiedenen Seiten, die Erforschung der Lebewelt betreiben, und deren ideeller Zusammenschluß und Einheitspunkt die Biologie, d.h. die »Lehre vom Leben« überhaupt ist. Es gilt also, über dieses weitverzweigte Forschungsgebiet zunächst einmal einen Überblick zu gewinnen. Der allgemeine Problembegriff des »Lebens«, mit dessen philosophischer Analyse wir es zu tun haben, kann erst auf diesem Umwege dem methodischen Eindringen zugänglich werden.

Was der Beobachtung und Beschreibung an allen Lebenserscheinungen wohl am nächsten liegt, ist die Form der lebendigen Körper. Seit alter Zeit beschäftigt sich die Wissenschaft mit ihr, und lange Zeit war dieser Zweig der Beschreibung – wenn nicht der einzige, so doch der vornehmste in der Erforschung des Lebens. Heute ist er als Morphologie von den anderen Teilen der Biologie getrennt. Unsere Kenntnisse der Pflanzen und Tiere beruhen wesentlich auf der Kenntnis ihres körperlichen Baues; und dieser ist es, der uns die ersten unterscheidenden Merkmale an die Hand gibt.

Aber auch für den Einblick in die größeren Einheiten der Lebewelt, ihre Arten, Gattungen und höheren Ordnungen, gibt uns die Körperform in den großen, durchgehenden Analogien ihres Aufbaues den entscheidenden Anhalt. So fußt die ganze Systematik (Klassifikation) der Organismen in erster Linie auf der Morphologie, zumal seit die vergleichende Anatomie ins Innere der Struktur des Lebendigen bahnbrechend hineingeleuchtet hat.

Die ältere Forschung mußte sich hier noch in verhältnismäßig engen Grenzen bewegen, nämlich in den Grenzen des dem bloßen Auge Sichtbaren. Eine ungeahnte Erweiterung aber erfuhr unsere Kenntnis des inneren Baues der Organismen durch das Mikroskop. Eine ganz neue Wissenschaft, die Histologie, d.i. die Erforschung der Gewebestruktur der einzelnen Organe, entstand auf diese Weise. Eine ganze Welt mannigfaltigster Strukturtypen hat sich unterhalb der Sichtbarkeitsgrenze dem bewaffneten Auge erschlossen, an Reichhaltigkeit nicht geringer als die der sichtbaren Formen. Das grundlegende Gebilde aber, das auf diesem Wege entdeckt wurde, und dessen bloße Abwandlungen alle besonderen Gewebearten sind, ist die Zelle. Freilich ist auch die Zelle keineswegs der letzte und kleinste Bestandteil des lebenden Körpers geblieben. Auch sie trägt vielfach schon die Kennzeichen eines kompliziert organisierten Gebildes. Die Konsequenz ist gar nicht zu umgehen, daß kleinere Teilchen ihre Struktur bewirken, von denen ein jedes wiederum seinen besonderen Bau haben mag. Und hier verläßt uns dann auch die mikroskopische Sichtbarkeit sehr bald an einer bestimmten Grenze, ohne daß wir sagen könnten, daß wir die letzten Strukturelemente durch sie erbracht hätten. Das Formproblem erstreckt [80] sich ganz offenbar weiter als wir es zurückverfolgen können. Die Kleinheit der Elemente schiebt unserer Beobachtung den Riegel vor.

Indessen ist das ganze Formproblem nur ein Ausgangspunkt. In der bloßen Formation des Lebewesens ist der Unterschied von der anorganischen Formation noch nicht einmal angegeben. Die lebendige Form hat eben ihr Wesen in etwas anderem, nämlich darin, daß sie in einem fortwährenden Formungsprozeß begriffen ist. Das einzelne Lebewesen entwickelt sich. Es entsteht aus winzig kleinen, verhältnismäßig einfach gebauten Anfängen, wie die Embryologie uns lehrt. Es nimmt aber zu an Größe und Kompliziertheit, je älter es wird, bis es schließlich eine bestimmte Grenze erreicht, über die hinaus es nicht wächst und sich in seinen Teilen nicht weiter differenziert. Und ebenso geht es zuletzt seinem Zerfall, dem Tod entgegen. Es befindet sich also seine ganze Lebensdauer hindurch in einem unausgesetzten

Prozeß, in welchem seine spezifische Artenform erst »entsteht«, sich eine Weile erhält und schließlich auflöst.

Der formbildende oder morphogenetische Prozeß ist es, der die lebendige Form von der unlebendigen unterscheidet. Ihre Lebendigkeit liegt eben darin, daß sie entstehende oder genetische Form ist. Die Physiologie, die es überall mit diesem Prozeßcharakter der Lebenserscheinungen zu tun hat, lehrt nun, wie die fortschreitende Differenzierung des Organismus Hand in Hand geht mit fortschreitender Vereinheitlichung oder Zentralisierung. Die spezifischen Unterschiede der Organe, die der Arbeitsteilung des Lebensprozesses entsprechen, bedeuten nicht den Zerfall des einen Organismus in mehrere, sondern führen vielmehr zur höheren Einheit ihrer gegenseitigen Bedingtheit und Regulierung, wie sie im Zentralnervensystem der höheren Tiere ihren sichtbaren Ausdruck gefunden hat.

Von hier aus gesehen ist das Gesamtbild des Organismus das eines sich selbst erbauenden Systems von Formungen und formbildenden Prozessen. Die einzelnen Mittel seines Aufbaues setzt der Organismus freilich schon außerhalb seiner selbst voraus; er ist abhängig von ihrem Vorhandensein oder Fehlen. Der Formbildungsprozeß kann nur unter bestimmten äußeren Bedingungen vor sich gehen. Aber die eigentliche Dynamik und die spezifische Richtung der Morphogenese enthält der Organismus in sich selbst. Der Formbildungsprozeß ist also ein Zusammenwirken äußerer und innerer Bedingungen. Die überwiegende Wesentlichkeit der inneren Bedingungen läßt sich dabei aber leicht ersehen aus der Unmöglichkeit, einen bestimmten Organismus, oder auch nur organisierte Materie, experimentell synthetisch nachzubilden; die Anwesenheit der äußeren Bedingungen reicht eben nicht hin für die Formbildung. Dagegen läßt sich diese sehr wohl durch Entziehung oder Hinzufügen äußerer Bedingungen auf experimentellem Wege beeinflussen – wie Versuche von Roux, Hertwig, Driesch u.a. beweisen – nicht aber in einen völlig anderen Prozeß umbiegen.

[81] Die Wurzel des morphogenetischen Prozesses liegt aber in einem einfacheren, fundamentaleren und gleichfalls allen Lebewesen gemeinsamen Prozeß, dem Stoffwechsel. In diesem haben wir ein wahrscheinlich nicht weiter zurückführbares Urphänomen des Lebens. Er besteht in einem fortlaufenden chemischen Prozeß der Assimilation und Dissimilation, d.i. der Heranbildung hochkomplizierter chemischer Substanz und ihrer gleichzeitig fortschreitenden Rückbildung. Die letztere ist wesentlich Verbrennung und Ausscheidung, also ein Auflösungsprozeß. In der Assimilation dagegen vollzieht sich die Zusammensetzung der lebendigen Zellsubstanz, des Plasma. Im pflanzlichen Stoffwechsel geht dieser Prozeß zum großen Teil von anorganischen Stoffteilen aus; hier geht somit die erste Herstellung von Plasma vor sich – »Plasmodomie« nach Haeckels anschaulichem Ausdruck. Die Hauptträger dieser synthetischen Urleistung sind die grünen Pflanzenteile, in denen ein besonderer Stoff, das Chlorophyll, unter Mitwirkung der strahlenden Energie des Lichtes den bislang

13

noch unerklärten Prozeß der Bindung des Kohlenstoffes zu ersten Kohlehydraten vollzieht, welch letztere dann wiederum die Grundlage höherer Verbindungen abgeben. Die komplexere Synthese kann nur auf Grund der einfacheren zustande kommen. Im tierischen Stoffwechsel haben wir es im allgemeinen mit solch einer komplexeren Synthese zu tun. Hier geht die Assimilation von bereits fertigem Plasma aus (Plasmophagie), wobei der ganze Umwandlungsprozeß der chemischen Substanz im wesentlichen den umgekehrten Weg beschreibt: nämlich den der Auflösung des Plasma in seine anorganischen Bestandteile durch den erhöhten Verbrennungsprozeß (Oxydation), den die unablässige Sauerstoffzufuhr der Atmung ermöglicht. Hierbei wird die im absorbierten Plasma aufgespeicherte chemische Energie frei und setzt sich in die spezifische Energie der einzelnen Organe – z.B. der kontraktilen Muskelfasern – um.

Eine bestimmte Regelung des Stoffwechsels ist es auch, worauf das Wachstum und die Differenzierung des Organismus beruht. Die Assimilation braucht an Menge des Geleisteten nicht absolut gleich der Dissimilation zu sein, sondern überwiegt diese in der Regel, so daß sich ein zunehmender Ernährungsüberschuß ergibt, auf welchem das Wachsen beruht. Das Zunehmen des Umfangs macht aber seinerseits wieder eine feinere Gliederung nötig, schon allein um der Zirkulation der Nährstoffe willen. So ist es zu verstehen, daß im großen Ganzen die größeren Organismen auch die höher organisierten sind.

Mit diesem Urprozeß des Lebens, der der zentrale Gegenstand der Physiologie ist, hängt eine Reihe sekundärer, aber für den Charakter des Lebensphänomens sehr wesentlicher Prozesse zusammen. Unter diesen ist der auffallendste wohl die Beweglichkeit der Lebewesen. Nicht nur die Tiere haben Bewegungsfähigkeit; auch der »Tropismus« der Pflanzen, d.i. die Fähigkeit, bestimmte Teile der Sonne, andere der Erde zuzuwenden, resp. abzuwenden, ist eine spezifisch organische Bewegung.

[82] Aber ein noch viel allgemeinerer Bewegungstypus, der – soviel wir wissen – allen Lebewesen gemeinsam ist, besteht in der Leitung flüssiger oder halbflüssiger Teile durch den Körper. Diese innere Bewegung, die schon innerhalb der Zelle beginnt und mit dem osmotisch (durch die Zellmembran hindurch) sich vollziehenden Stoffwechsel in engster Verbindung steht, setzt sich in den vielzelligen Organismen in einem aufs feinste differenzierten Zirkulationsprozeß fort, durch welchen die Nahrungsaufnahme, Sauerstoffzufuhr und Ausscheidung in den verschiedenen Teilen vermittelt wird.

Aber diese Art Bewegung ist noch von untergeordneter Art. Ihr steht die Bewegung im engeren Sinne entgegen, wie wir sie in der sichtbaren Fortbewegung der Tiere vor Augen haben. Hier finden wir eigene Organe der Bewegung ausgebildet, von den Cilien und Geißeln der Infusorien ab bis auf die mit tiefsinnigster Zweckmäßigkeit angelegten Glieder der Kruster, Insekten und Wirbeltiere. Diese Beweglichkeit im eigentlichen Sinne beruht auf der Reizbarkeit des kontraktilen (zusammenziehbaren) Muskelgewebes, das bei den meisten Metazoen (vielzelligen Tieren) durch motorische Nerven zur Reaktion gebracht wird. So hängt auch die Ausbildung des Zentralnervensystems mit der Beweglichkeit zusammen. Der Organismus reagiert auf jeden ihn berührenden Reiz mit höchst eigentümlichen, zweckmäßigen Bewegungen, den sogenannten Reflexbewegungen; diese sind, je nach den besonderen Lebensbedingungen, abwehrend oder entgegenkommend, so wie es jedesmal die Selbsterhaltung des Individuums verlangt. Solche zweckmäßige und doch mit mechanischer Notwendigkeit funktionierende Bewegungen können aber einen hochgradig komplizierten und über eine große Reihe von Einzelprozessen sich erstreckenden Einheitscharakter annehmen. In dieser Erweiterung bilden sie die überaus wunderbare Erscheinung des Instinkts, die in ihrer Zielsicherheit den Beobachter so lebhaft an die überlegte Handlung des Menschen erinnert.

Und damit stehen wir vor einem ferneren, weittragenden Problem: der Zweckmäßigkeit alles Lebendigen. Im Instinkt haben wir es mit der prägnantesten Ausdrucksform derselben zu tun; womit aber keineswegs gesagt ist, daß diese Zweckmäßigkeit auf die komplizierten Bewegungstypen beschränkt sei. Sie durchzieht vielmehr den ganzen Form- und Prozeßcharakter des Lebens. Denn alle Teile und Teilprozesse sind von Grund aus zweckmäßig in bezug auf den Organismus als Ganzes, d.h. auf seine Selbsterbauung und Selbsterhaltung, oder die Erhaltung seiner Art. Ja, alles Verständnis, das wir für die oft erstaunlichen Formen der Lebewesen gewinnen können, beruht auf dem Verständnis ihrer Zweckmäßigkeit. Und der Forscher, der in das hochdifferenzierte Zusammenwirken der Organe eindringen und ihre Einheitlichkeit verstehen will, hat immer an ihrer Zweckmäßigkeit für einander den leitenden Hinweis auf die verborgenen Zusammenhänge. Aber wie diese Zweckmäßigkeit zustandekommt, und wie z.B. der morphogenetische Prozeß [83] mit ihr verknüpft ist, das ist ein Grundproblem des Lebens und bedarf der wissenschaftlichen Aufhellung.

Mit dem Urprozeß des Lebens, dem Stoffwechsel, hängt nun aber noch eine ebenso fundamentale Eigentümlichkeit alles Lebendigen zusammen: die Fortpflanzung der Individuen durch die Reproduktion der Artenform. Hier zeigt sich der Ursprung des morphogenetischen Prozesses. Dieser geht allemal aus vom elterlichen Individuum und endigt in der Ausreifung eines neuen, gleichartigen Individuums. In diesem Reproduktionsprozeß wurzelt das Leben der Gattung. Denn das einzelne Individuum geht zugrunde, die Gattung aber lebt fort in neuen und neuen Individuen. Diese lösen sich ab, sie sind gleichsam nur Stoff ihr gegenüber. Das Phänomen des Stoffwechsels spielt sich hier gewissermaßen im großen Stil noch einmal ab; nur daß der Stoff hier nicht in anorganischer Materie, sondern in lebenden Individuen selbst besteht, und der einheitliche Lebensprozeß, in dem sie wechseln, nicht ein individueller, sondern ein überindividueller ist, der weder von der absoluten Anzahl noch von dem besonderen Geschick der einzelnen Individuen abhängig ist.

Die Reproduktion ist keineswegs ein isoliertes Phänomen. Der morphogenetische Prozeß zeigt bei den niederen Lebewesen auf allen seinen Stufen die Fähigkeit der Ergänzung verlorener Teile; ja bei manchen kann sich unter Umständen aus einem kleinen Teil, der vom Ganzen abgeschnitten ist, der ganze Organismus wiederherstellen, so daß man durch mehrfache Zerschneidung eines Individuums ihrer mehrere gewinnen kann. Dieser Prozeß, den man als Regeneration bezeichnet hat, ist ein wesentlicher Bestandteil der Fortpflanzung der Einzelligen. Denn diese besteht in der einfachen oder fortgesetzten Zweiteilung der mütterlichen Zelle in Tochterzellen, deren jede sich dann in kürzester Zeit bis zum vollständigen Arttypus auswächst. Hier ist Regeneration somit unmittelbar im Fortpflanzungsprozeß enthalten.

Ungleich verwickelter gestaltet sich dieser Prozeß bei den Vielzelligen. Hier sind es besondere »Keimzellen«, von denen die Formbildung des Individuums – die sogenannte Embryogenese oder Ontogenese – ihren Ausgang nimmt. In dieser Übertragung der Reproduktionsleistung an besondere Keimzellen steckt nun eins der tiefsten und schwierigsten biologischen Probleme: das Problem der Vererbung. Wie kommt es, daß in der Embryogenese sich die Eigenheiten des elterlichen Individuums auf das neuentstehende übertragen, und so die Art sich wirklich »reproduziert«? Bei der einfachen Zellteilung der Protisten ist das verständlich, da hier ja der ganze Körper des elterlichen Individuums teilnimmt an der Fortpflanzung. Bei der Vermittlung durch Keimzellen aber hört das auf, denn die Keimzelle ist in ihrem ganzen Bau vollkommen unähnlich dem fertigen Individuum und enthält in ihrer Struktur nichts von den spezifischen Formationen desselben. Dennoch reproduziert sie [84] den elterlichen Typus bis in alle Feinheiten hinein. Hier stehen wir vor einer Frage, zu der die Wissenschaft von heute noch keineswegs den Schlüssel bietet, so sehr immer die Möglichkeit hypothetischer Lösungen sich auch hier einstellt. Wir werden auf die methodische Berechtigung solcher Lösungsversuche noch näher einzugehen haben. –

Mit all diesen Teilproblemen der Biologie ist aber noch immer nicht dasjenige zentrale Interesse berührt worden, das in unserer Zeit auch weitere Kreise an ihr nehmen. Dieses haftet an der modernen Lehre von der Einheit des ganzen Reiches der Lebewesen, wie sie sich uns seit Lamarck und Darwin in dem Gedanken der Deszendenz erschlossen hat. Hier ist der Punkt, an dem auch der Mensch sich zur allgemeinen Natur der Lebewesen gehörig findet. Und die Perspektive, die sich damit eröffnet, ist freilich unabsehbar groß.

Der Deszendenzgedanke ist heute keine bloße Mutmaßung mehr. Das direkte und indirekte Beweismaterial übersteigt längst die Schlagkraft aller irgend möglichen Gegenargumente und hat so die anfängliche Hypothese nahezu zum Rang eines Faktums erhoben – in jenem wissenschaftlichen Sinn, in welchem überhaupt wir auf Grund eindeutiger Anzeichen von Faktizität sprechen. Aber selbst wenn man ihm diesen Charakter des Faktums absprechen wollte, so bliebe doch seine

19

Unersetzlichkeit als Hypothese bestehen, welche alle früheren, unbegründeten Annahmen in betreff der Einheit der Lebewelt – wie zwecktätige Prinzipien, Schöpfungsakt u. desgl. – auf einen Schlag erledigt. Diese große wissenschaftliche Leistung würde uns schon allein verpflichten, die Deszendenz wenigstens als Analogon eines Faktums anzusehen und als ein solches zum philosophischen Problem zu machen.

Denn ein Problem ist und bleibt sie unter allen Umständen. Dadurch nämlich, daß sie Faktum ist, wird sie noch nicht verständlich gemacht. Gerade als solches ist sie ein Unerklärtes, und wenn sie auch der alten Schöpfungsannahme gegenüber das weniger Rätselhafte ist, so ist sie deswegen noch nicht selbst enträtselt. Auch der Stoffwechsel und die Vererbung sind Tatsachen; und doch versteht man nicht, worin das Gesetz und das eigentlich Treibende dieser Prozesse liegt. Kurz, es gilt bei der Deszendenz ebenso, wie bei jedem anderen Tatsachenbefund, nach den Bedingungen zu fragen, auf Grund deren sie möglich werden konnte; oder, anders gesagt: es gilt, die Gesetze zu finden, unter denen sie sich mit Notwendigkeit vollziehen mußte. Es muß nachgewiesen werden, was die Arten der Lebewesen zwingt, ihren Typus zu verändern, ja was diese Veränderung überhaupt ermöglicht. Man sieht leicht, daß z.B. der Begriff der Reproduktion sich hier verschieben muß, daß nicht in alle Ewigkeit der gleiche Arttypus reproduziert wird, denn sonst bliebe eben die Art notwendig identisch und könnte sich nicht verschieben. Wenn aber die Fortpflanzung nicht absolute Reproduktion ist, was bewirkt dann die Abweichung? Was tritt zur Vererbung als modifizierender Faktor hinzu?

[85] Und weiter: die Deszendenz verschiebt ja den Arttypus nicht willkürlich, nicht in beliebiger Richtung, sondern in einer ganz bestimmten. Wenn man auf das Ganze der Stammesgeschichte hinblickt – soweit wenigstens wir sie rekonstruieren können – so unterliegt es keinem Zweifel, daß die Grundrichtung aufwärts führt, von den einfachsten, primitivsten zu immer höher differenzierten Lebewesen. In dieser einheitlich aufsteigenden Richtung der Deszendenz besteht gerade das Einleuchtende und Befreiende ihrer Theorie, indem sie hierdurch die Entstehung des Komplizierten aus dem Einfachen, wenigstens im Prinzip, verstehen lehrt. Aber gerade hierin steckt ein neues Rätsel: was bedingt denn diese einheitlich aufsteigende Richtung, worin liegt ihre gesetzliche Notwendigkeit?

Und wenn man noch einen Schritt weiter geht und in Betracht zieht, daß die höhere Organisation immer zugleich ein höheres und komplizierteres Zweckmäßigkeitsverhältnis der Organe bedeutet, so läßt sich die Frage noch tiefer fassen: Wie ist die Entstehung des Zweckmäßigen zu erklären? Denn offenbar muß es dann doch aus der Richtung des Unzweckmäßigen her entstehen! Ist das aber nicht ein offenbarer Widerspruch? Oder gibt es Prinzipien der Stammesgeschichte, die gerade dieses Hervorgehen des Zweckmäßigen aus dem Zwecklosen, d.h. aus bloßer Notwendigkeit wirkender Naturkräfte, begreifbar machen?

Diese unabweisbaren Fragen sind es, die es zu lösen, oder wenigstens denen es auf den Grund zu gehen gilt. Und in der Tat ist seit dem ersten Aufkommen der Deszendenzlehre die Biologie aufs eifrigste tätig gewesen, in dieses Naturgeheimnis einzudringen. Und gerade in der Erforschung dieser Frage sind die größten und prinzipiellsten Versuche gemacht worden. Schon Lamarck war diesem Problem auf der Spur. In umfassenderer Weise zum wissenschaftlichen Problem ist es aber erst durch Darwin und seine Nachfolger erhoben worden. Hier gilt es denn auch insonderheit den Hebel der philosophischen Fragestellung anzusetzen. –

Durch die Deszendenztheorie ist nun unter anderem auch eine Frage zu einer neuen Anregung gelangt, die von altersher die wissenschaftlichen Köpfe beschäftigt hat: Die Frage nach dem Bewußtsein der Tiere. Die tiefgehende Analogie zwischen den äußeren Bewußtseinsanzeichen des Menschen und denen der höher organisierten Tiere ist immer ein Gegenstand der Beobachtung gewesen. Aristoteles sprach den Tieren Empfindung zu, und andere sind darin weitergegangen, indem sie ihnen auch höhere Geisteskräfte beilegten. Aber trotz aller Offensichtlichkeit der Analogie mußten sich solche Behauptungen doch immer in vorsichtiger – fast möchte man sagen skeptischer – Reserve halten. Denn es liegt ja auf der Hand, was ihnen unüberwindbar entgegensteht: wir kennen das Bewußtsein immer nur als »unseres«, und niemals als [86] »fremdes«. Und den direkten Beweis für die Bewußtheit eines von uns verschiedenen Wesens kann es nicht geben, weil fremdes Bewußtsein überhaupt nur vermittelt, aber nicht direkt erkannt werden kann. Alle vermittelnden Anzeichen können ja aber auch Anzeichen von etwas anderem sein, das aus uns unbekannten Gründen die gleichen Begleiterscheinungen hat. So hat es denn nicht an Denkern gefehlt, die – wie Descartes – dem Tier alles Bewußtsein überhaupt absprachen.

Diese Frage konnte vom Deszendenzgedanken nicht unbeeinflußt bleiben. Denn wenn der Mensch durch seine Abstammung mit dem Tierreich zusammenhängt, so fällt die Kluft ursprünglicher Verschiedenheit zwischen Tier und Mensch hin, sie wird durch fortlaufenden Zusammenhang (Kontinuität) überbrückt. Dann aber bekommt jede Andeutung menschlicher Gattungscharaktere im Tier ganz anderes Gewicht. So müssen denn auch die Anzeichen des Bewußtseins im Tier als die Anfänge betrachtet werden, aus denen hervor sich das menschliche Bewußtsein entwickelt.

Das findet gleichzeitig seine Bestätigung von anderer Seite, besonders in der Nervenphysiologie, die den nervösen Kraftverbrauch als durchgehende Begleiterscheinung des Bewußtseinsvorganges nachweist. Hier stehen sich also zwei Tatsachenreihen gegenüber, die eine auf psychologischer, die andere auf biologischer (physiologischer) Seite. Es fragt sich, was für Schlüsse sich daraus ziehen lassen. Daß die Wissenschaft von beiden Seiten aus solche Schlüsse hat ziehen wollen, davon zeugen schon Schlagworte wie »Psychophysik« (Fechner), oder »physiologische Psychologie« (Wundt). Aber hier gerade setzt das eigentlich philosophische Problem ein, welches das Grenzproblem der Biologie gegen die Psychologie bedeutet: berechtigt die Stammesgeschichte des Menschen überhaupt zu irgendwelchen Schlüssen über die Natur des Bewußtseins? Und wenn, dann zu welchen? Wenn aber etwa nicht zu allen, die gezogen worden sind, dann warum nicht – wo doch die Probleme als solche sichtlich ineinander übergreifen? Und wie ist die Problemscheide aus wissenschaftlichen Mitteln herzurichten? –

Hiermit schließt sich der Zyklus der Teilprobleme, die uns das Lebensphänomen aufgibt. Die zuletzt berührten Fragen sind sichtlich die am weitesten ausschauenden und am nachhaltigsten interessierenden; sie dürfen der philosophischen Untersuchung gewiß am wenigsten entgehen. Aber gerade um ihrer fruchtbaren Behandlung willen ist es unmöglich mit ihnen zu beginnen. Sie sind die kompliziertesten Fragen, die die Beantwortung anderer, einfacherer bereits voraussetzen, so vor allem die des Problems der Form und des Prozesses, welches den anderen allen zugrunde liegt.

Um aber auch an diese Begriffe methodisch herantreten zu können, gilt es, sich zunächst über die anorganischen Voraussetzungen des Organischen und deren philosophische Prinzipien klar zu werden.

ZWEITES KAPITEL
Die systematischen Voraussetzungen des Lebens

Der tiefgreifende Zusammenhang zwischen der organisierten und der anorganischen Natur, und zwar speziell die Bedingtheit der ersteren durch die letztere, ist ein unmittelbar einleuchtender Tatbestand, den einzusehen nicht einmal eines besonderen Einblicks in die Wissenschaften beider Naturreiche bedürfen würde. Es liegt auf der Hand, daß die Organismen sich aus Stoffen zusammensetzen müssen, die in der anorganischen Natur bereits vorhanden sind. Nur so läßt sich der Ursprung des Stoffwechsels, die Assimilation verstehen, die ja eben nichts anderes bedeutet als die Heranbildung der komplexen, organischen Verbindungen aus den einfacheren, anorganischen. Da nun aber auf diesem Urprozeß der ganze Ablauf aller formbildenden Prozesse beruht, so ist es unerläßlich, zunächst auf die exaktwissenschaftlichen, d.h. physikalisch-chemischen Bedingungen desselben einzugehen, um diesen dann wiederum ihre allgemeineren philosophischen Voraussetzungen abzugewinnen. Denn es kann unter solchen Umständen nicht anders sein, als daß die letzteren zugleich unerläßliche Vorbedingungen des Organischen bedeuten.

In der Natur ist alles Prozeß, Vorgang, Geschehen. Die primäre Form dieses Geschehens ist die Bewegung. Diese bildet das engere Problem der reinen Mechanik, welche die Gesetze der Bewegung formuliert. Hierbei muß die erste, prinzipielle Bedingung aller Bestimmbarkeit ein Beharrendes sein, das in aller Veränderung den ruhenden Pol bildet. Die ältere Physik sah ein solches in der Masse. Diese sollte konstant bleiben in allen Umformungen, die sie durchläuft. Die Neueren sind davon abgekommen. Gerade die Masse ist kein Letztes; ihr ganzer Begriff ist sogar von Grund aus sekundär – gegenüber dem der Kraft. Sie löst sich auf in ein System von Kräften. Das Beharrende kann also nur in den Kräften selbst liegen, oder wie der moderne Ausdruck dafür lautet, in der Energie. So kehrt sich der Gedanke der Beharrung um: nicht »in« der Bewegung beharrt etwas, was im Gegensatz zu ihr stände; sondern sie selbst, die Bewegung, beharrt. Sie ist das prinzipiell Erste, das nicht entstehen oder vergehen kann, sondern nur sich umformen. Sie ist das Beharrende, die Substanz. So gehen die verschiedenen Bewegungstypen, Wärme, Licht, Elektrizität, chemische und mechanische Energie, ineinander über, entstehen auseinander, und das Zunehmen der einen ist immer zugleich ein Abnehmen der anderen. Die heutige Physik kennt dieses Grundgesetz als »Erhaltung der Energie«.

Dem Substanzprinzip steht ein zweites gegenüber, welches die Veränderung als solche bestimmt. Dieses kann nur bestehen in einem Gesetz der Abhängigkeit der Bewegungsstadien voneinander. Es besagt den »funktionalen« Zusammenhang zwischen ihnen, d.h. jedes frühere Bewegungsstadium enthält die durchgehende Bestimmung (Determination) [88] des späteren in sich. Jedes Stadium A (Ursache) ist determinierend für ein ferneres Stadium B (Wirkung) und ist selbst wiederum ebenso notwendig determiniert durch das vorausgehende Stadium. Es kann in B nichts anderes vor sich gehen, als was in A angelegt ist; und doch ist B nicht identisch mit A, sondern ein spezifisch anderes. Jede Verschiebung in A bedeutet daher zugleich eine Verschiebung in B, ohne daß die erstere Verschiebung der letzteren ohne weiteres gleichzusetzen wäre. In dieser durchgehenden Abhängigkeit entsteht eben der funktionale Zusammenhang, die sog. Kausalität. Auf ihr beruht alle Notwendigkeit des Naturgeschehens, und folglich auch aller Gesetzesausdruck der Naturwissenschaft, die, soweit sie exakt und mathematisch formulierbar ist, Gesetzeswissenschaft ist. In diesem weiten Sinn hat die Kausalität ihr Wesen nicht in einem bestimmten Gesetz unter anderen Gesetzen, sondern in der Gesetzmäßigkeit alles Geschehens überhaupt; sie ist im Grunde »das Urteil des Gesetzes« (Cohen). In ihr findet der gesamte Naturprozeß seine logische Struktur, d.h. die begrifflichen Ausprägungen der ihn beherrschenden Zusammenhänge. Diese Zusammenhänge bilden im Naturprozeß gleichsam Linien oder »Reihen« der Verursachung und Bewirkung: jede Ursache ist bereits Wirkung früherer Ursachen, jede Wirkung aber zugleich Ursache fernerer Wirkungen. Somit ist der Naturprozeß durchzogen von Kausalreihen, die den exakten Schluß von der Wirkung auf die Ursache, und weiter zurück auf die Ursache der Ursache u.s.f. ermöglichen. Natur ist nichts anderes als der unendliche Komplex der Kausalreihen. Und für den, der sich dieses Gedankens versichert hat, ist es selbstverständlich, daß es in ihr nichts geben kann, was nicht durch und durch kausal determiniert wäre.

Indessen ist Kausalität doch nur ein einseitiger Ausdruck für diese allseitige Gesetzesstruktur. In ihr ist noch nichts über den Zusammenhang der Kausalreihen untereinander ausgemacht. Sie bedarf also einer Ergänzungskategorie, die zu ihr gleichsam die zweite Dimension bildet. Man könnte sich von der einfachen Kausalität immer noch die falsche Vorstellung machen, als liefen die einzelnen Kausalreihen bloß parallel in der Zeit nebeneinander her, indifferent in bezug aufeinander, ohne sich jemals zu schneiden. Das entspräche aber schlecht dem naturwissenschaftlichen Verursachungsbegriff. In diesem ist der durchgehende Zusammenhang das Wesentliche, und es gibt in ihm kein Einzelgeschehen, das nicht näher oder ferner durch alles andere frühere und gleichzeitige Geschehen mitbedingt wäre. Die einzelne Wirkung ist immer ein komplexes Gebilde, welches nicht durch »eine« isolierte (oder auch nur isolierbare) Ursache, sondern durch einen ganzen Komplex von Teilursachen determiniert ist. So führt der Begriff der Kausalität selbst auf die Wechselbeziehung der Kausalreihen hinaus, auf die von Kant so benannte Wechselwirkung. In diesem Zusammenwirken der Ursachen nun wird der »Gegenstand« bestimmt. Naturgegenstand ist eben nichts [89] anderes als ein System von Wirkungen, oder von spezifisch determinierten Bewegungen. Wesentlich ist dabei ebensowohl die einzelne Teilwirkung als die besondere Art der Systembildung. In der letzteren liegt die eigentümliche Leistung der Wechselwirkung, an welcher sich das »Gesetz« zum Kategorienbegriff des »Systems« auswächst (Cohen). Das Gesetz bestimmt den notwendigen Zusammenhang unter den Stadien des Geschehens; »System« dagegen bedeutet die Einheit des Zusammenwirkens innerhalb des komplizierten, durch mannigfaltige Gesetzmäßigkeiten gleichzeitig bestimmten Geschehens.

Überträgt man nun hierauf den dynamischen Charakter der Bewegung, welcher in der sich erhaltenden Energie wurzelt, so muß das Bewegungssystem notwendig sich als dynamisches System erweisen. Die Besonderungen der Energie, ihre Transformationen (Umbildungen), ergeben die spezifischen Grundtypen der »Kraft«. Somit bedeutet die Wechselbeziehung in jedem Einzelfall ein Kraftsystem, d.h. buchstäblich: ein System einheitlich aufeinander bezogener Kräfte. Die einzelnen Kräfte halten sich dabei, weil sie in Wechselwirkung stehen, gleichsam die Waage. Ihr Zusammenbestand muß also notwendig ein relativ konstantes Gebilde ausmachen, welches der Zerstörung seines Gleichgewichts einen gewissen Widerstand entgegensetzt. Solche relativ konstanten dynamischen Gebilde nennen wir Naturgegenstände. Ein Kraftsystem in diesem Sinne ist also im Grunde schlechthin jeder Naturgegenstand.

Darin haben wir jene weittragende Bedeutung des Systembegriffs, in welcher das wissenschaftliche Naturproblem aus der abstrakten Höhe seiner Gesetzesbegriffe herabsteigt und sich dem greifbar dinglichen Dasein nähert. Denn der Satz, zu dem wir eben kamen, läßt sich mit gleichem logischen Recht auch umkehren: jede Art Kraftsystem bedeutet eine bestimmte Art Naturgegenstand. Dann aber muß notwendig den verschiedenen Arten oder Ordnungen des Gegenstandes eine Reihe ebenso verschiedener Ordnungen des Kraftsystems entsprechen; vielmehr jene müssen mit diesen zusammenfallen und im wissenschaftlichen Sinne gleichbedeutend sein. Auch das Weltall als Ganzes fügt sich noch diesem Systembegriff, so sehr es auch in seiner Unendlichkeit unsere Vorstellungskraft übersteigt. Zum mindesten aber haben wir es im Planetensystem mit einem typischen Beispiel des Bewegungs- und Kraftsystems zu tun. Auf dieser Stufe ist es rein mechanisches System. Von hier aus aber reihen sich die Ordnungen des Systems abwärts, und ihnen entsprechend die verschiedenen Gebiete der Naturwissenschaft, bis weit unter die Grenze der Sichtbarkeit hinab. Dabei ist jedes begrenzte System immer ein Glied eines höheren Systems und enthält seinerseits wieder kleinere Systeme in sich. Die Ordnungen des Kraftsystems liegen nicht indifferent nebeneinander. Sie umschließen vielmehr einander und stecken ineinander.

Hier stoßen wir nun sogleich wieder auf einen tiefgreifenden logischen Zusammenhang. Dieses Ineinanderstecken der Systemordnungen ist [90] nämlich kein passives Umschlossensein, sondern ein höchst schwerwiegendes Abhängigkeitsverhältnis, und zwar gleichfalls ein gegenseitiges: eine Wechselwirkung der Systemordnungen untereinander. Es ist ebenso aktiv und dynamisch zu verstehen, wie das einzelne System selbst: als Kraftverhältnis. Da doch das höhere System allemal das niedere mit umfaßt und folglich auch dessen Kräfte in sich enthält, so fragt es sich: was bedeuten diese Kräfte des niederen Systems für das höhere? Und was die des höheren für das niedere? Die Wissenschaft lehrt auf allen Stufen des Systems als Grundverhältnis: gewisse Kraftwirkungen des niederen Systems sind zugleich integrierende (mitbestimmende) Momente des höheren. Und ebenso umgekehrt: gewisse Grundwirkungen des höheren Systems sind zugleich mitbestimmend für die spezifische Gestaltung des niederen. In mechanisch positiver Fassung läßt sich das auch so formulieren: Die Außenkräfte des niederen Systems sind zugleich Innenkräfte des höheren. Es sind also die gleichen Kräfte, die zugleich Momente des höheren und des niederen Systems bilden. Sie bleiben identisch in ihrem Wesen, während ihre Wirkung für die beiden Systemordnungen durchaus verschiedene Bedeutung hat. So sind z.B. die Außenkräfte des Atoms (etwa seine Festigkeit oder seine an bestimmte Flächen gebundene Anlagerungstendenz) zugleich Innenkräfte des Moleküls, d.h. mitbestimmende Ursachen seiner Größe, Struktur, Widerstandskraft und Verbindungsfähigkeit. Auf dieser Identität der wirkenden Grundkräfte beruht die komplexe Gesetzlichkeit aller besonderen Naturgegenstände (etwa der Gesteinsstrukturen, Kristalle usw.); denn in ihr wurzelt die konstante Wechselbeziehung zwischen den benachbarten Ordnungen des Kraftsystems. Und diese grundlegende Wechselbeziehung je zweier benachbarter Systemordnungen auf Grund der Identität der in ihnen wirkenden Kräfte – hat die Bedeutung eines Grundgesetzes aller besonderen Wechselwirkung und läßt sich als solches zusammenfassen in den logischen

Ausdruck eines Prinzips der intersystematischen Beziehung, d.h. der zwischen den Systemordnungen allgemein obwaltenden gegenseitigen Bedingtheit.

Für unsere Naturerkenntnis ist dieses Prinzip von grundlegender Bedeutung. Denn nicht alle Ordnungen des Systems sind der direkten Beobachtung zugänglich; die meisten können von uns nur indirekt erschlossen werden. Dahin gehören die ungeheure Raumdistanzen umspannenden kosmischen Systeme, die dennoch von der Astronomie in ein einheitliches, mechanisches Attraktionssystem befaßt werden, wiewohl auch das bewaffnete Auge uns wenig genug über sie sagt. Noch bestimmter zieht aber die Kleinheit anderer Kraftsysteme der Sichtbarkeit und Beobachtbarkeit die Grenze vor. Denn auch die mikroskopische Vergrößerung ist nur beschränkt. Die Wissenschaft aber kann sich solche Beschränkung nicht gefallen lassen. Wo sie nicht beobachtet, da »erschließt« sie. Und sie kann schließen, weil die sichtbaren, gegebenen Gegenstände nicht denkbar sind ohne die Annahme kleinerer [91] einfacherer Systeme, auf deren Kraftäußerungen die besonderen Eigenschaften jener beruhen, – deren Außenkräfte somit zugleich die Innenkräfte der uns bekannten, endlichen »Dinge« bilden. Die Naturwissenschaft ist somit auf den Rückschluß nicht nur notwendig angewiesen, sondern auch rechtmäßig eingestellt. Sie hat am Prinzip der intersystematischen Beziehung den methodischen Leitfaden dazu.

In diesem rückschließenden Sinne ist z.B. das Atom, wie es die Chemie aufstellt, ein Kraftsystem; denn auf den Außenkräften desselben beruhen die spezifischen Eigenschaften der sog. chemischen Elemente. Aber das Atom braucht deswegen noch durchaus nicht »letztes« System zu sein. Gerade die neuesten Theorien stellen das aufs deutlichste in Abrede. Ja es fragt sich, ob in dieser Richtung überhaupt von einem Letzten gesprochen werden darf, und ob nicht gerade die logische Konsequenz es fordert, die Ordnungen des Kraftsystems ins Unendliche fortgesetzt zu denken – ins Unendlichkleine, wie ins Unendlichgroße. Denn diese Ordnungen sind ja für die philosophische Überlegung gänzlich unabhängig davon, ob sie der Beobachtung auf irgendeine, wie immer indirekte, Weise zugänglich sind oder nicht. Ihre Erkennbarkeit ist allerdings durch die Endlichkeit unserer Erkenntnis überhaupt beschränkt auf einige wenige – und zwar auf die mittleren Ordnungen. Sie schwebt gleichsam als endliche Sphäre inmitten zweier Unendlichkeiten. Methodisch aber hindert uns nichts, uns die Reihe der Ordnungen nach beiden Seiten hypothetisch fortgesetzt zu denken, soweit es die Einheitlichkeit des Weltbildes nur irgend verlangt. Genau genommen ist bereits das Atom, ja sogar das Molekül, ein bloß hypothetisches Kraftsystem; wie denn die direkte Beobachtung in der Chemie sich nur auf Reaktionen sichtbarer Stoffe erstreckt, sowie auf deren gleichfalls sichtbare und tastbare Strukturen, nicht aber auf die Molekularkräfte selbst, auf welche dieselben gleichwohl zurückgeführt werden.

Hiermit stehen wir schon dicht vor unserem eigentlichen Problem. Auch das Lebewesen ist ein System von

Kräften und Bewegungen, eine besondere Ordnung des Kraftsystems, und zwar die komplizierteste, die wir kennen. Als solche ist es natürlich bedingt durch die nächst niederen Ordnungen, das Molekül und das Atom, aus denen es sich, als aus seiner »Materie«, zusammensetzt. Für das Verständnis dieser Zusammensetzung ist daher wesentlich, das Verhältnis zwischen den verschiedenen Ordnungen des Kraftsystems, im Prinzip wenigstens, sich klar zu machen.

Die Kraft als solche, oder die Energie überhaupt, muß notwendig in allen Ordnungen eine und dieselbe sein; desgleichen die kausale Gesetzmäßigkeit und das Prinzip des Zusammenwirkens. Verschieden aber müssen sowohl die einzelnen Kräfte sein, als auch die besondere Art ihrer Systemwirkung. Ja sogar ein und dieselbe Kraft kann sehr verschiedene Bedeutung und Wirkung in verschiedenen Systemordnungen [92] haben. So müssen Attraktion und Repulsion innerhalb des Atoms aufs höchste gesteigert sein; woraus vom Standpunkt der nächsthöheren Ordnung, des Moleküls, aus gesehen die relative Unzerstörbarkeit des Atoms (resp. seine gesteigerte Widerstandsfähigkeit) resultiert. Ähnlich bedeuten gewisse Grade von Wärmeenergie für bestimmte Moleküle die Überwindung der intramolekularen Attraktion und daher die Auflösung des Moleküls, für das Atom aber nur einen bestimmten Ausdehnungskoeffizienten.

Dazu kommt, daß ein und dieselbe Kraft jedesmal am niederen System »für« das höhere System etwas anderes bedeutet als für es selbst. So haben die intraatomistischen Kräfte – einerlei ob man sie sich letzterdings thermodynamisch oder elektromagnetisch oder sonstwie denkt – für das Molekül die Bedeutung von positiven und negativen Verbindungstendenzen, wie sie die Chemie als Affinität, Wertigkeit usf. bezeichnet. Die Außenkräfte des Atoms bilden also wirklich zugleich die Innenkräfte des Moleküls, sie sind die Grundlage der chemischen Verbindungen. Im Molekül wird eben auf ihrer Basis ein Kraftsystem höherer Ordnung gebildet. Darin besteht die intersystematische Beziehung von Atom und Molekül. Im letzteren entstehen neue, komplexere Kräfte, wobei im großen und ganzen mit der zunehmenden Komplexheit des Gebildes die Flüchtigkeit der Verbindung zunimmt. Denn die Beständigkeit ist abhängig von der intramolekularen Attraktion; diese aber muß abnehmen, je größer und heterogener in seiner Zusammensetzung das Molekül wird. Daher sind im allgemeinen die sog. organischen Verbindungen (die aber noch keineswegs organisierte Materie sind) flüchtiger als die analogen anorganischen.

Ähnlich bilden die äußeren Atom- und Molekularkräfte für die nächsthöheren Aggregate, z.B. für alle sichtbaren Körper, zugleich formende, strukturbildende Kräfte. Das lehrt die einfache Tatsache des Aggregatzustandes, sowie besonders die spezifischen Arten der Kristallisation, die streng gesetzmäßig für jede Art von Stoff auftreten. Dabei ist nie zu vergessen, daß wir keine der eigentlichen Atom- oder Molekularkräfte unmittelbar kennen, sondern sie nur rückerschließen aus diesen ihren verschiedenartigen Leistungen für den sichtbaren Naturkörper.

Aus dieser Verborgenheit der wirkenden Kräfte erklärt es sich auch, wie sich in der exakten Naturwissenschaft immer noch der Begriff der »Materie« (Stoff) erhalten kann, während er in seinem eigentlichen Sinn eines letzten, passiven Substrats der Bewegung längst überwunden und in Kraftsysteme niederer Ordnung (z.B. Atome) aufgelöst worden ist. Der absolute Sinn der Materie ist gefallen. Ein relativer ist geblieben; und es läßt sich sagen, daß in diesem allein noch zulässigen relativen Sinn Materie ein zutreffender Ausdruck für das Verhältnis eines niederen Kraftsystems zum höheren ist. Ersteres ist eben integrierender Teil des letzteren. Und für die Betrachtung des höheren [93] Systems kommen an ihm nur die Außenwirkungen des niederen in Betracht, während die spezifischen Innenkräfte, aus denen diese hervorgehen, als solche indifferent werden. Sie liegen außerhalb der jeweiligen Problemstellung, sind daher bloße Vorbedingungen, und in ihrer Gesamtheit »Stoff« für eine Formation komplexerer Art. Somit findet in der relativierten Korrelation von Materie und Form der erste und primitivste Typus der intersystematischen Beziehung seinen methodischen Ausdruck. »Stoff« ist allemal das niedere System in bezug auf das höhere; »Form« ist das höhere, weil es jenes in neue, kompliziertere Kraftverhältnisse einfügt.

In diesem Sinne kann denn auch die Biologie den »Stoff« nicht vermeiden. Sie kann es umso weniger, als sie es in den lebendigen Organismen – auch den einfachsten – mit hochentwickelten, verwickelten Kraftsystemen zu tun hat, nämlich mit beweglichen Systemen, deren Bestehen sich in einem beständigen Austausch nicht nur von Kräften, sondern von ganzen Kraftsystemen niederer Ordnung abspielt. Solcher Kompliziertheit des Gegenstandes gegenüber muß die Biologie gerade die glücklich vereinfachten oder »abgekürzten« Begriffsbildungen bevorzugen. »Stoff« ist eine solche Abkürzung für das genauere, aber verwickelte Verhalten des chemischen Moleküls zur lebendig sich erhaltenden organisierten Bildung. Und darin hat dann wiederum der Begriff des »Stoffwechsels« seine Berechtigung, so sehr es wahr bleibt, daß er im Grunde ein Kraftwechsel komplexerer Art ist. Die Korrelation von Stoff und Form, die einst alle Gebiete des theoretischen Denkens in dogmatischer Einseitigkeit beherrschte, hat sich hier zur spezifischen Charakteristik des Verhältnisses zweier bestimmter, benachbarter Stufen des Kraftsystems präzisiert, nämlich des Verhältnisses vom anorganischen zum organisierten Gebilde. Und dank dieser Beschränkung liegt nun in ihr ein unverlierbarer Wahrheitskern.

*

Nach dem bisherigen scheint es selbstverständlich zu sein, daß es sich in der Biologie um nichts anderes als um die Erweiterung der kausalen Naturforschung oder des mechanischen Weltbildes handeln kann. So stellt sich ihr Problem dar, wenn man von der exakten Wissenschaft her an sie herantritt. Aber die Geschichte der

Biologie zeigt sie uns in einem sehr anderen Licht. Denn am längsten ist in ihr nicht der Mechanismus, sondern die Teleologie, d.h. nicht das Aufzeigen von Ursachen, sondern das Hinzukonstruieren von Zwecken, das herrschende Erklärungs- und Begründungsprinzip gewesen. Es hat dem menschlichen Denken zu allen Zeiten nahe gelegen, durch Zweckmäßigkeit zu erklären, was nicht aus notwendig wirkenden Naturgesetzen begreiflich gemacht werden kann. Es liegt ja so nah, zu glauben, es gebe gar keine Naturgesetze, wo man bloß keine aufdecken kann; dann freilich bliebe nichts übrig, als die metaphysische Aushilfe, ein nach Analogie der menschlichen [94] Vernunft tätiges System von Zwecken anzunehmen, das dem Organischen und seiner offensichtlichen Zweckmäßigkeit zugrunde läge.[1] Diese Konsequenz zog bereits die älteste uns erhaltene biologische Theorie, die Philosophie des Aristoteles. Das Recht des Mechanismus gegen diese These liegt nun in der sehr einfachen Überlegung, daß uns methodisch nichts hindert, das Naturgeschehen auch da kausal aufzufassen, wo wir es in einzelnen Gesetzen noch nicht zu fassen vermögen, d.h. wo sich uns diese um ihrer Kompliziertheit willen entziehen.

In dieser Lage ist keineswegs die Biologie allein. Auf allen Spezialgebieten der Physik gibt es Erscheinungen, von denen die Wissenschaft nur annähernde »Beschreibung« gibt, für die sie aber den gesetzmäßigen Ursachenkomplex nicht aufzeigen kann. Wiederum ist es die

---

[1] Näheres hierüber in dem Kapitel „Kausalität und Zweckmäßigkeit".

Chemie, die hierin der Biologie sehr nahe kommt. Kausale Definition müßte hier bis auf die intraatomistischen Grundkräfte, d.h. die Innenkräfte des Atoms, zurückgehen. Von diesen aber ist selbst der rückschließenden Hypothesenbildung bislang nur das allernotwendigste zugänglich geworden. Und doch kehrt hier niemand den Spieß um, niemand denkt an Erklärung der chemischen Reaktionen durch Zwecke. Das Problem liegt hier eben noch viel einfacher. Es gibt hier keine Zweckmäßigkeit, die erklärt werden muß, folglich auch keine methodische Versuchung, den Erklärungsgrund im Zweck zu erblicken. Nur wo augenfällige Zweckmäßigkeit vorliegt, ist die Versuchung zur Begründung durch anthropomorphistische Zweckmäßigkeit eine Gefahr. Es verlangt eben viel höhere kritische Reife, die wirklich vorliegende Zweckmäßigkeit (im Organismus) von der Beziehung auf bestimmende Zwecke rein zu halten, als das in bezug auf menschliche Gesichtspunkte gänzlich Indifferente (etwa die chemische Verbindung) in seiner Indifferenz zu wahren.

Noch näher als die Chemie steht der Biologie in dieser Hinsicht die Mineralogie. Eine Gesteinsformation kausal erklären, heißt nicht nur ihre chemische Zusammensetzung nachweisen, sondern auch den gesetzlichen Grund ihres gleichförmigen Anschießens in Kristallen von bestimmter geometrischer Form auf besondere wirkende Molekularkräfte zurückführen. Über solche Zurückführung lassen sich nun sehr wohl Hypothesen mehr oder minder allgemeiner Art aufstellen. Niemals aber läßt sich der besondere Fall, die Struktur der einzelnen Art, streng kausal begründen. Die zusammentreffenden Bedingungen sind bereits hier so kompliziert und verborgen, daß es dem Verstande unmöglich wird, sie zu übersehen. Dennoch spricht auch hier noch niemand von Zwecktätigkeit. Denn das Anschießen des Kristalls – wie immer ähnlich manchen organischen Prozessen – ist dennoch nicht gut als »zweckmäßig« in bezug auf irgend etwas (etwa auf die Erhaltung der Gesteinsart) zu bezeichnen! Solche Vermenschlichung erscheint auch dem naiven Verstande [95] deplatziert. Um so ferner muß sie dem wissenschaftlichen Denken liegen. Die sachliche Analogie mit dem Gegenstande der Biologie liegt aber hier bereits klar zutage. Man sollte also meinen, daß sich aus der methodisch klaren, rein kausalen Denkweise der Mineralogie auf eine Verpflichtung der Biologie zu ebenso einfacher, eindeutiger Methodik schließen ließe. Dann wäre der »Mechanismus« für alle Naturwissenschaft die einzige durchgehende Erklärungsart.

Indessen zeigt es sich bei näherer Betrachtung, daß auch »Mechanismus« durchaus nicht der adäquate Ausdruck für Gesetzmäßigkeiten so komplexer Erscheinungen, wie der lebendige Organismus, ist – wenigstens solange man im Mechanismus den Nachdruck auf den einfachen Kausalnexus legt. Hier konnten uns schon die Ordnungen des Systems eines anderen belehren. Nicht in der Kausalreihe als solcher liegt der Gesetzeszusammenhang, sondern in der Wechselwirkung, d.h. in der gegenseitigen Bedingtheit der Kausalreihen, in ihrer anderen Dimension, der Gleichzeitigkeit, oder wie Kant es benannt hat, dem commercium spatii (d.h. ihrem gegenseitigen räumlichen Wirkungsverhältnis). Ein solches commercium aber kann doch nur in spezifischen Gesetzen der Komplizierung formuliert werden, und nicht einfach in dem überall gleichförmigen Zuge des zeitlich linearen Kausalnexus. Hier bedarf es einer tiefen eindringenden Überlegung zur Klärung des Problems.

Daran freilich – und das gilt es festzuhalten – ist kein Zweifel, daß der Kausalnexus durch alle Ordnungen des Systems hindurchgeht. Der funktionale Zusammenhang von Ursache und Wirkung, das einfache reaktive System im Sinne Newtons, nach welchem die Aktion gleich der Reaktion ist, bildet die Grundlage, auf welcher sich die spezifischen Besonderungen erst erheben können; und in diesem Sinne ist alle Naturwissenschaft mechanisch.

Aber eben diese Kausalmechanik ist nur das Allgemeine in jenen Besonderungen. Die Ordnungen des Systems sind wesentlich verschieden; sie sind es so sehr, daß ihre Vergleichbarkeit vielfach sehr schwer herzustellen ist und die Einheit des Kausalnexus sich keineswegs immer durchschauen läßt. Worauf beruht denn aber diese Verschiedenheit, und warum ist jede Ordnung des Kraftsystems wiederum einer spezifischen Gesetzmäßigkeit teilhaftig? Offenbar können doch die Unterschiede nicht in der homogenen Grundlage als solcher, dem Einheitsgrunde der Kausalität, zu suchen sein. Dann wären es ja gar keine Unterschiede! Es muß also zu dieser Einheit noch etwas anderes hinzutreten, etwas Differenzierendes. Und das ist es nun gerade, was sich unter dem Kategorienbegriffe der Wechselwirkung, oder des »Systems«, auftut: das Spezifische der Komplizierung der Kausalmomente. Dieses Spezifische ist offenbar überall ein anderes. Es kann also nicht im Kausalmechanismus als solchem liegen, sondern nur in einem neu hinzutretenden Prinzip, oder richtiger in einer ganzen Flucht von Prinzipien, nämlich: in Gesetzen der spezifischen Komplizierung von Kausalmomenten. In [96] diesem Sinne enthalten alle speziellen Zweige der Physik und Chemie bereits einen Einschlag des Unmechanistischen. Dieser bedeutet daher nicht einen Gegensatz zur gemeinsamen mechanischen Grundlage, sondern nur die Unzulänglichkeit des linearen Kausalnexus für die Besonderungen des Naturgegenstandes, als des Kraft-»Systems«.

Das ist der kritische Sinn, in welchem auch Kant es nicht bei der Kausalität bewenden lassen wollte, sondern die Forschung der Wissenschaft auf die »besonderen Gesetze« hin dirigierte. Die determinierenden Gesetze der Naturerscheinungen sind übermechanisch. Die Eigenart des besonderen Gegenstandes (z.B. des Gegenstandes der Optik, des Lichtes) liegt eben nicht nur in den einzelnen Kausalmomenten, sondern ebensosehr in der spezifischen Art ihres komplexen Zusammenwirkens. Das Gesetz der spezifischen Komplizierung scheidet erst den Gegenstand der Optik von dem der Thermodynamik oder Chemie. Diese Unterscheidung aber ist nicht weniger wesentlich als die durchgehende Einheit.

Das bedeutet natürlich keineswegs, daß die Naturerklärung teleologisch werden müßte. Man sieht hier vielmehr, wie es noch andere Möglichkeiten gibt, und wie die Alternative: »entweder Mechanismus oder Teleologie« in bezug auf die Besonderungen des Naturgegenstandes keine strenge Disjunktion ist, die alles »Dritte« ausschließt. Die notwendige Determination, die alle Naturerscheinungen umschließt, hört mit dem Mechanismus nicht auf. Mechanismus und Determinismus decken sich nicht in ihren Leistungen, wiewohl sie nie anders als ineinandersteckend auftreten können. Mechanismus ist zwar ein gleich weit reichender, aber ein inhaltsärmerer Begriff. Er bringt nur die gemeinsame kausale Struktur zum Ausdruck. Determinismus dagegen verlegt das Schwergewicht auf die besonderen Gesetze des kausalen Zusammenwirkens. So hat denn zwar die durchgehend kausale Struktur der Naturforschung ihre tiefe Berechtigung; aber eins ihrer innerlichsten Momente kommt in ihr als solcher nicht zum bewußten Ausdruck. Denn eben diese Forschung begnügt sich keineswegs damit, die gemeinsame Kausalgrundlage wieder und wieder zu betonen; ihr innerstes Anliegen ist, das mechanistische System in seine Besonderungen zurückzuverfolgen. Denn gerade indem sie nach Ursachen forscht, so forscht sie vielmehr im eminenten Sinne nach dem spezifischen Zusammenwirken und sieht ihr Ziel in der Formulierung von Gesetzen dieser spezifischen Komplexheit. Dabei fehlt ihr noch mehr oder weniger auf allen Gebieten die Totalität der erforschten Ursachenkomplexe. Die besonderen Gesetze sind eben nicht so leicht zu erschöpfen. Weil es Gesetze der Komplizierung sind, so müssen sie selbst komplex sein. Und ihre Unausschöpfbarkeit ist es gerade, welche die Forschung in dauernder Vertiefung und Fortschrittlichkeit erhält. Mehr aber als alle anderen Forschungsgebiete ist die Biologie auf eine solche Unendlichkeit ihres Gegenstandes hingewiesen. Keine Ordnung des Kraftsystems kann sich mit dem »Stoffwechselsystem« an Kompliziertheit der ursächlichen Momente vergleichen.

[97] Darum ist man auf diesem Gebiet weiter im Felde als irgendwo sonst – und wird es voraussichtlich immer sein. Das ist das Kennzeichen der höchsten Aufgabe, die hier dem Geist der theoretischen Forschung gestellt ist, – einer Aufgabe, die ihn unvermeidlich zu seinen höchsten Leistungen führen muß. –

Nun würde freilich alle Forschung aussichtslos sein, wenn sie sich über den Bestand des jeweilig Formulierten nicht erhebe, wenn sie nicht sich selbst vorgreifen und Antizipationen machen könnte, die ihrem eigenen Beginnen Richtung und Perspektive gäben. Was hülfe es der Biologie z.B., sich über einzelne physiologische Teilfunktionen exakte Rechenschaft zu geben, wenn sie die gefundenen Resultate nicht irgendwie auf das »Ganze« des Organismus beziehen und gleichsam in ihn eingliedern könnte? Solche Eingliederung setzt aber die Kenntnis dieses Ganzen voraus; und letzteres besteht wiederum aus einer unübersehbar großen Kette von Bedingungen (etwa ähnlichen Teilfunktionen), deren weitaus größter Teil unbekannt ist. Es kann also von exakt wissenschaftlicher Eingliederung nicht die Rede sein. Wird nun dadurch das Resultat der Spezialforschung entwertet? Es wird offenbar seinen Wert nur dann geltend machen können, wenn das Ganze, in das es hineingehört, sich in irgendeiner Weise vorwegnehmen läßt, wenn auch in abgekürzter Form – z.B. als dasjenige, in bezug worauf alle einzelnen Teilfunktionen zweckmäßig sein müssen. Die Biologie ist auf solche Vorgriffe angewiesen; die Eingliederung des erforschten Teilgeschehens in das noch unbekannte Ganze und der darin sich anbahnende Einblick in die tiefer liegenden Zusammenhänge läßt sich auf diesem Wege wenigstens vorläufig zustande bringen. Die biologische Forschung muß also notwendig Antizipationen machen, wenn anders sie vorwärts kommen will. Sie bedarf also auch eines logischen Instruments der Antizipation, welches das zu Erforschende, das komplexe, spezifische Gesetz des Ganzen, als Abbreviatur vorausnimmt und mit sich so zu operieren gestattet, als ob das Gesetz in ihm bereits gegeben wäre.

Es handelt sich nun hier durchweg um Systemgesetze des Zusammenwirkens; deswegen können diese nicht durch bloßes Aneinanderfügen von sog. kausalen Naturgesetzen repräsentiert werden. Ihre Erkenntnisstruktur ist eine kompliziertere; sie muß selbst eine Systemstruktur haben. Unter den logischen Fundamentalmitteln hat aber nur der »Begriff« eine solche (Cohen).

Man kennt den Begriff nur von seiner formallogischen Seite. Diese ist charakterisiert durch das umgekehrt proportionale Verhältnis von Umfang (Geltungsbereich) und Inhalt (Summe der Merkmale): je allgemeiner ein

Begriff ist, um so inhaltsärmer wird er. Das ist aber bloß die Außenseite des Begriffs. Sein Wesen als Operationsmittel des Denkens liegt in etwas anderem: in der besonderen Art der inhaltlichen Einheit. Die »Merkmale« nämlich, die den Inhalt ausmachen, erweisen sich (wenigstens im naturwissenschaftlichen Begriff) als lauter allgemeine [98] Gesetze oder Gesetzesbedingungen. Der Begriff aber besteht nicht einfach in ihrer Summe, sondern in einer jedes Mal höchst eigenartigen, einheitlichen Beziehung unter ihnen, durch welche sie sich gegenseitig bedingen, also in Wechselbeziehung treten. Das innere Wesen des Begriffs liegt somit in dem systemartigen Zusammenschluß von Gesetzen und Gesetzesrelationen. Z.B. der Begriff des »Planeten« besteht in der Einheitsbeziehung mehrerer besonderer Bewegungsgesetze, deren jedes für sich genommen, außerhalb dieser Einheit, nur eine mechanische Allgemeinheit ist. Der Begriff ist sonst unmittelbar ein Beziehungs- oder Relationssystem und ist schon allein deshalb das einzige Erkenntnisinstrument, welches die komplexen Ordnungen des Kraftsystems repräsentieren kann. Dabei ist in ihm – genauso wie im Kraftsystem – die Einheit der Relation wesentlicher als die einzelne Relation. Folglich muß es möglich sein, das System an seiner Einheit wenigstens in den Grundzügen herzustellen, ohne noch die einzelnen Relationen in ihrer Totalität zu haben. Ein geringer Ansatz genügt, einige wenige Relationen reichen aus, um die Einheit vorläufig zu fixieren.[2]

---

[2] Vgl. unten die Beispiele (Atom, Stoffwechselsystem).

Durch sie aber werden dann auch die fehlenden Relationen fixierbar, soweit wenigstens für sie Ansätze im Be-
obachtungsmaterial vorliegen. Darin liegt die antizipierende Kraft des Begriffs, denn in der Antizipation der
Einheit wird zugleich die spezifische Gesetzmäßigkeit
der Komplizierung mit antizipiert, ohne daß diese noch
hergestellt wäre. Der Begriff hat diese Kompetenz in
sich, weil er nie abgeschlossen ist und immer Beziehungen in sich anbahnt, die aus ihm hinaustendieren. So
tendiert er selbst immerfort über sich hinaus und wird
zum eigentlichen Vehikel der Forschung.

Daß hierin ein tiefer Einschlag des Hypothetischen
steckt, ist freilich nicht zu umgehen. Alle Antizipation
ist hypothetisch. Das ist aber keine Schwäche des Begriffs, sondern seine Stärke. Er ist gerade hierdurch der
einzige Weg, komplexe Naturerscheinungen wissenschaftlich faßbar zu machen. Statt den verborgenen
Kausalzusammenhang in ihnen durch Aufzählung seiner Momente herzustellen – was methodisch unmöglich
ist – erfaßt der Begriff hypothetisch die »Einheit« dieses
vielfältigen Zusammenwirkens und weist von hier aus
der Erforschung der einzelnen Kausalmomente die
Richtung. Die Stärke dieses Verfahrens liegt in der Kor-
rigierbarkeit der einmal gemachten Annahme. Denn die
Spezialforschung nach den Einzelheiten, welche durch
die Annahme ermöglicht wird, muß notwendig, sobald
sie zu Resultaten führt, eine Berichtigung dieser selbst
herbeiführen. Alle wissenschaftlichen Hypothesen finden ihre Kriterien an den Tatsachen, zu deren Beobachtung sie anregen. Die Unfertigkeit der Begriffsantizipa-

tion ist daher kein Mangel der Methode; sie ist berechtigt, solange sie methodisch bewußt ist, d.h. solange man die versuchsweise gemachte Annahme (den Ausgangspunkt der Forschung) von ausgereiften, begründeten wissenschaftlichen Resultaten [99] zu unterscheiden weiß. Ein Fehler liegt nur dann vor, wenn die antizipierte Einheit hypostasiert und zur »Tatsache« verdinglicht wird. Der Anspruch der Tatsächlichkeit kann erst auftreten, wenn die Übereinstimmung des Antizipierten mit einer überwiegenden Reihe von Einzelbeobachtungen erbracht ist. Gerade diese Beobachtungen würden aber niemals gemacht werden, wenn sie nicht aus der Antizipation der Begriffseinheit hervor notwendig würden.

So verfährt nicht etwa bloß die Biologie. Alle speziellen Naturwissenschaften operieren mit dem antizipierenden Begriffssystem. Wiederum ist es am deutlichsten an der Chemie zu sehen. Sie stellt z.B. den Begriff des Elements genauso auf, als hätte sie seine Kausaldefinition in Händen. In Wahrheit kennt sie nur seine sekundären Momente, die Reaktionsweisen, d.h. Relationen zu anderen Elementen. Dennoch operiert sie mit ihm wie mit etwas Bekanntem. Sie läßt eben ein ganzes System antizipierter Molekularkräfte für die Sache gelten und behält es sich vor, diese auf Grund fortschreitender Beobachtung eben jener sekundären Relationen allmählich in ihren primären Kraftrelationen zu bestimmen. Ähnlich macht sie es mit dem Begriff der Elementengruppe, einem Begriff höherer Art: wenn sie an einem neuen Element eine bekannte spezifische Reaktion wiederfindet, so schließt sie auf ein gleiches oder analoges Kraftsystem. Als Beispiel der weitestgehenden Systemantizipation dieser Stufe steht das sog. »periodische System der Elemente« da; in diesem sind ganze Elemente antizipiert worden, die sich hernach als existierend erwiesen.

Das analoge Verfahren sehen wir in der Biologie. Sie definiert das Lebewesen als Stoffwechselsystem, ohne das kausale Geschehen der Assimilation und Dissimilation aus seinen wirkenden Kräften heraus bestimmt zu haben. Bekannt sind nur wenige Ansatzpunkte: gewisse chemische Charaktere der in den Stoffwechsel eintretenden Verbindungen, d.h. der Kraftsysteme niederer Ordnung, ferner die Tatsache der spezifischen Zersetzung und Assimilation, sowie die Ausscheidung des Verbrauchten, und schließlich jener rätselhafte, auf Selbsterneuerung beruhende Fortbestand des im Stoffwechsel begriffenen Organismus, den wir »Leben« nennen. Und dieses Wenige genügt, um das Stoffwechselsystem vorläufig als wissenschaftlichen Begriff zu fassen. Die Lücken der Kausalerkenntnis hindern nicht die Erkenntnis des übergreifenden Zusammenhanges, der Krafteinheit, in welcher das Ganze beruht. Ja, umgekehrt, nur insofern sich diese Einheit vorwegnehmen läßt, kann die Forschung in eben diese Lücken eindringen. Sie bedarf eben der festen Stützpunkte. Und in der einfachen Beobachtung wie im Experiment braucht sie die genau eingestellte Fragerichtung, um das zu erforschende Teilgeschehen erfolgreich zu isolieren und so zu eindeutigen Antworten zu kommen.

Die gesamte experimentierende Naturwissenschaft ist sich des gleichen Verfahrens durch weittragende Antizipationen aufs deutlichste bewußt.

[100] Die neueste biologische Forschung hat es in diesem methodologischen Selbstbewußtsein sogar weiter gebracht als andere Forschungsgebiete. Die einzigartige Komplexheit ihrer Objekte nötigt sie zu erhöhter, bewußter Verfeinerung ihrer Methoden; eine solche ist aber nur möglich, wo das Prinzip des Verfahrens durchschaut wird. So sagt W. Roux: »Es ist aber eine Kunst, die Frage so zu stellen und unsere Zwangsmittel, die Versuchsbedingungen, so anzuwenden, daß die Natur uns in eindeutiger Weise antworten muß. Dazu ist es nötig, schon im Voraus einen geistigen Einblick in das zu untersuchende Geschehen gewonnen zu haben, den Vorgang bereits im Geiste analysiert, ihn wenigstens vermutungsweise in seine eventuellen Faktoren zerlegt zu haben, um dann künstlich Bedingungen herzustellen, in denen womöglich bloß ein solcher Faktor verändert ist.«[3] Auf Grund der Abänderung eines einzigen solchen Faktors im Ursachenkomplex läßt sich dann, falls die Wirkung auch eine eindeutige Abänderung zeigt, ein Bestandteil des ganzen Kausalnexus isoliert verstehen und formulieren.

Gesicherte ursächliche Schlüsse inbetreff der Lebensvorgänge lassen sich, wie leicht begreiflich, überhaupt nur auf solchen Umwegen ziehen. Direkte Beobachtung

---

[3] W. Roux: Die Entwicklungsmechanik. Ein neuer Zweig der biologischen Wissenschaft, Leipzig 1905, S. 15.

gibt ja niemals isolierte Teilursachen und Teilwirkungen, sondern bloß unübersehbar komplexe Gesamterscheinungen. Folglich hängt hier an der »künstlichen« Isolierung so gut wie alles. Sie selbst ist aber nur möglich auf Grund eines vorausgehenden »geistigen Einblicks in das zu untersuchende Geschehen«, oder, wie der philosophische Ausdruck lautet: auf Grund von Antizipationen. Da diese aber gerade auf das »Geschehen« als solches gehen müssen, so können es nur Antizipationen von Zusammenhängen oder Gesetzen sein. Und eben das wird möglich, wenn die grundlegende Vorwegnahme die der Systemeinheit ist, die nur in Form des Begriffs auftreten kann. Der undifferenzierte Ursachenkomplex ist es, der vorläufig analysiert werden muß; aus ihm müssen hypothetisch die verschiedenen Arten von Ursachen, die seine Komponenten bilden, ihrer Möglichkeit nach überschaut und differenziert werden, damit man die nackte Tatsache, die das Experiment bietet, überhaupt verstehen kann. Daß dabei Irrtümer möglich sind, ist selbstverständlich. Es handelt sich ja aber nicht um einzelne Antizipationen und einzelne Versuche, sondern um ganze Reihen von ihnen. Darum ist ein Eindringen in den Wirkungszusammenhang des Gegenstandes, trotz aller Vorläufigkeit und Einseitigkeit des einzelnen Experiments, dem methodischen Vorgehen als Ganzem auf diesem Wege gesichert. Denn daß die einzelnen Versuchsresultate nicht auseinanderfallen und durch ihre Mannigfaltigkeit die Einheit des Phänomens verschleiern, dafür sorgt die Antizipation der Einheit durch den Systembegriff. Für diesen ist es ja einerlei, wie kompliziert das Ineinandergreifen [101] der Verursachung ist; in ihm liegen für jedes noch so sehr abweichende Teilresultat die Prädispositionen der Vereinigung bereit, unter denen sich alles wieder notwendig zusammenschließen muß. Soviel läßt sich methodisch ein für alle Mal voraussehen. Das ist ein Minimum der Vorwegnahme und der Hypothese, das stillschweigend oder bewußt jeder exakte Forscher zugesteht. –

Durch ihre Gebundenheit an die Einzelerfahrung im Experiment und in der freien Beobachtung bringt die Biologie noch ein ferneres Methodenproblem mit sich, das mehr oder weniger allen Zweigen der Naturwissenschaft gemeinsam ist: das Problem der Induktion. Wie alle theoretischen Wissenschaften legt sie den ganzen Wert auf die allgemeinen Gesetze und Prinzipien, nicht aber auf die nackte Tatsächlichkeit der Einzelerscheinung. Das ist nun sehr selbstverständlich in den rein deduktiven Wissenschaften, wie den mathematischen, welche direkt mit den allgemeinsten Oberbegriffen einsetzen und aus diesen das Besondere ableiten. Es ist aber ein schwerer Fragepunkt auf denjenigen Gebieten, wo aller Erkenntnisinhalt von der anderen Seite her, aus der Beobachtung gewonnen wird. Denn hier taucht dann eben alles in Form der Einzelheit auf, oder wie man sagt, als einzelne »Tatsache«. Das aber ist noch kein Gesetz, sondern bestenfalls ein Ansatzpunkt, um zu einem Gesetz zu gelangen. Diese Methodik des Aufsteigens von der Einzelheit zur Allgemeinheit ist es, die man von alters her als Induktion bezeichnet hat.

Die Biologie aber sieht sich insonderheit vor diese Frage gestellt, weil in ihr, wie in keiner anderen Wissenschaft, der methodische Nachdruck auf der Induktion ruht; wie sie denn weniger als alle anderen an gesicherten Prinzipien besitzt. Sie ist noch auf der Suche nach ihren Gesetzen. Soll dieses Suchen Erfolg haben, so muß es also in ihr einen Aufstieg zu den Gesetzen geben. Anders gelangt man zu ihnen nicht hin. Dieser Forschungsgang ist freilich nicht zu verwechseln mit der erforschten Sache selbst. Für diese sind natürlich hier wie überall die Prinzipien das erste, während die Einzelerscheinung sich auf ihnen erbaut. Die Gesetze müssen bereits zugrunde liegen, damit die Erscheinung überhaupt ins Leben treten kann. Sie sind das logisch Frühere, die »konstitutiven« (erzeugenden) Bedingungen. Aber dieses Zugrunde liegen bedeutet nicht, daß sie auch schon als solche erkannt und wissenschaftlich formuliert sein müßten. Ganz im Gegenteil: die Wissenschaft steht hier zunächst vor nackten Tatsachen, Einzelerscheinungen, von denen aus sie erst auf die zugrunde liegenden Gesetze (also das logisch Frühere) »rückschließen« muß. Deswegen ist für den Forschungsgang umgekehrt die Einzelerscheinung der Ausgangspunkt, die Prinzipien aber das Ziel. Das konstitutive Verhältnis der Prinzipien zum Problem kann sich nicht umkehren; wohl aber der Erkenntnisweg als solcher. Die exakten Wissenschaften freilich halten deduzierend die absteigende Richtung ein und führen somit in ihrem Beweisgange unmittelbar das [102] konstitutive Grundverhältnis vor. Sie können das, weil sie von a priori gesicherten Prinzipien aus-gehen (so die Mathematik und die mathematisch exakte Naturwissenschaft). Anders die nicht exakten, »beschreibenden« Naturwissenschaften. In ihnen muß sich der Erkenntnisweg dem gegebenen Ausgangspunkt, den Einzelerscheinungen, anpassen, um von ihnen aus auf Grund einer besonderen Methodik – eben der Induktion – sich erst aufsteigend zu den Prinzipien hinzufinden.

Man hat nun dieses Aufsteigen der Induktion vom Einzelfall zur Allgemeinheit des Gesetzes vielfach als »Verallgemeinerung« fassen wollen. Und das hat zu großen methodischen Mißverständnissen geführt. Der Gedanke liegt dann nah, daß es bei einem Einzelfall als Ausgangspunkt nicht bleiben könne, daß man vielmehr Fälle sammeln und summieren müsse, bis die Summe eine Allgemeinheit ergibt. Das schien seine Bestätigung noch darin zu finden, daß in der Tat alle experimentierenden Wissenschaften wesentlich mit der Wiederholbarkeit des Experiments arbeiten. Dann aber heißt Induktion soviel wie »Enumerieren«, d.h. Fälle »aufzählen« und zusammenfassen.

Daß es damit seine Richtigkeit nicht haben kann, mußte sich indessen früh aufdrängen. Zu einer Allgemeinheit im strengen Sinne wenigstens kann man auf diesem Wege nicht kommen. Dazu müßte die Enumeration eine vollständige sein, die Totalität aller möglichen Fälle umfassen. Die aber ist in jeder Hinsicht unendlich und unzugänglich, schon allein weil sie sich auch auf alle zukünftigen Fälle erstreckt. Mit einer teilweisen Enumeration aber ist dem Problem erst recht nicht gedient; das wäre der bewußte Verzicht auf Allgemeinheit.

So kann es denn in der Tat mit der Induktion nicht stehen. Soll sie überhaupt wissenschaftliche Bedeutung haben, so muß diese eine andere sein. Das Tun des Experimentalforschers belehrt uns denn auch eines ganz anderen. Die Frage, die er in seinem Experiment an die Natur stellt, ist von vornherein gar keine Frage des Einzelfalles, sondern eine allgemeine Gesetzesfrage. Sie wird also bereits unter der Voraussetzung gestellt, daß, was einmal in spezifischer Weise geschieht, auch jedesmal unter den gleichen Bedingungen wieder geschehen muß, und daß somit alles in der Natur nach allgemeinen Gesetzen geschieht; wobei dann jeder Einzelfall – wo und wie man ihn auch herausgreift – unmittelbar Repräsentant einer Allgemeinheit ist. So wird es erklärlich, wie die Anforderung des Experimentators zu Recht besteht, das Experiment müsse ihn unmittelbar über ein Gesetz belehren; er hat eben die allgemeine Gesetzmäßigkeit der Natur als erste Voraussetzung bereits zugrunde gelegt. Ohne diese an sich selbst bereits streng allgemeine Voraussetzung käme er niemals zu einer Allgemeinheit. So läßt sich z.B. das Gesetz des »freien Falles« einem einzigen wohlgelungenen Experiment entnehmen; es genügt, »einen« Körper in seinem Fallen unter günstigen Bedingungen beobachtet zu haben, um zu wissen, wie jeder andere unter gleichen Bedingungen fallen wird. Die Allgemeinheit ist im Einzelgeschehen [103] unmittelbar mit enthalten. Anderenfalls würde sie menschlicher Erfahrung überhaupt unzugänglich sein.

Von womöglich noch größerer Bedeutung als für die Mechanik ist dieser Sachverhalt aber für die Biologie. Die Bedingungen, unter denen hier experimentiert wird, sind oft derart kompliziert, daß der Versuch nach vielfachem Mißlingen schließlich nur dank einem günstigen Zufall wirklich zustande kommt. Wenn nun dieser eine zufällig gelungene Fall nicht unmittelbar repräsentierende Bedeutung für den allgemeinen Zusammenhang hätte, so wäre offenbar auf diesem Gebiete alles Experimentieren aussichtslos.

Dementsprechend dient die Wiederholung des Experiments überhaupt nicht der Verallgemeinerung, sondern lediglich der Vergewisserung und Kontrolle. Denn das Experiment enthält in der Regel viele Fehlerquellen, deren Ausschaltung nur auf Umwegen möglich wird. Enumeration im eigentlichen Sinne findet also gar nicht statt, weder totale noch partielle; denn weder ist sie möglich, noch kann sie helfen. Und in diesem Sinne muß man nun noch einen Schritt weiter gehen und sagen: es findet auch gar keine Verallgemeinerung statt. Die Allgemeinheit, die das Endresultat der Induktion ist, wird keineswegs nachträglich auf den Inhalt des Einzelfalles übertragen. Sie liegt vielmehr schon in der Fragestellung enthalten, mit welcher der Forscher an den Einzelfall herantritt. Einzelfall und Allgemeinheit stoßen hier dicht aufeinander, sind unmittelbar aufeinander bezogen. In der Fragestellung steckt eben schon die Antizipation und diese enthält das Prinzip der durchgängigen Gesetzmäßigkeit der Natur. Unter dieser Voraussetzung ist es gar nicht anders möglich, als daß das Experiment allemal den Typus einer Gesetzmäßigkeit aufweist. Es braucht also nicht »verallgemeinert« zu werden; das Singuläre, unter dem Prinzip befaßt, bedeutet unmittelbar ein Allgemeines. Die logische Leistung der Induktion ist somit die Subsumption eines Einzelfalles unter eine a priori gewisse Allgemeinheit. Ihr Resultat ist allemal die Fixierung eines »besonderen Gesetzes«, welches eben darin seine Mittelstellung zeigt, daß es den Charakter des Singulären in seiner »Besonderheit«, den des Allgemeinen in seiner »Gesetzlichkeit« bewahrt und somit beide vereinigt.

Die Induktion läuft also hinaus auf Deduktion. Denn hier wird genauso wie in dieser unter einem Oberbegriff, nämlich dem vorausgesetzten Prinzip, subsumiert. Das Prinzip selbst aber, das hier vorausgesetzt ist, deckt sich genau mit der zur Wechselwirkung erweiterten Kausalität. Denn diese macht die notwendige, durchgehende und doch spezifisch differenzierte Gesetzmäßigkeit der Natur aus, die es sichert, daß alles Einzelne zugleich Repräsentant eines notwendig Allgemeinen ist. J. St. Mill nannte dieses Gesetz das Prinzip der »Gleichförmigkeit der Natur«. Das besagt ungefähr inhaltlich dasselbe, ist aber nur ein sekundärer Ausdruck für einen viel primäreren – nämlich in Wahrheit apriorischen – Sachverhalt. Den tiefsten Ausdruck hierfür hat Kant gegeben, indem er die Grundsätze der Relation als [104] »Analogien der Erfahrung« bezeichnete. Alles Geschehen ist »analog« dem gegebenen Einzelfall, weil es denselben Gesetzen wie er unterliegt. Daher genügt dieser Einzelfall, um das Gesetz erkennen zu lassen.

DRITTES KAPITEL
Lebensform und Lebensprozeß

Schon die Problemanalyse des Lebens konnte uns zeigen, daß der Organismus eine bestimmte Ordnung des Systems ist, und daß er als solches eine spezifische Form besitzt. Dieser Formbegriff ist aber keineswegs in sich einfach. Wie er gewöhnlich, auch auf anderen Gebieten, gebraucht wird, steht ihm der Stoff entgegen; und wir sahen schon, wie auch in der Biologie die gegenseitige Grundbeziehung (Korrelation) von Form und Stoff keineswegs ganz fallen gelassen werden kann. Sie hat freilich eine nur untergeordnete, aber dafür eine fest fixierte Bedeutung, insofern sie das Verhältnis der organischen Struktur zur nächstniederen Systemeinheit, dem anorganischen Primärgebilde, zum Ausdruck bringt.

Aber in dieser Korrelation erschöpft sich keineswegs der Formbegriff des Lebewesens, sie zeigt nur eine untergeordnete Kehrseite an ihm. Sein tieferes Wesen tut sich erst auf in einer anderen Korrelation: der von Form und Prozeß. Diese beiden untrennbaren Gegenbegriffe durchziehen die Lebenserscheinungen alle, von den niedersten bis zu den höchsten. Nie treten sie isoliert auf, und immer sind sie derart miteinander verwoben, daß man die Form nicht ohne den Prozeß verstehen, den Prozeß nicht ohne die Form erkennen kann. Das Leben ist überall und in jeder Hinsicht ebenso sehr Form als Prozeß. Daher arbeiten sich Morphologie und Physiologie auf allen Teilgebieten gegenseitig in die Hände.

Das Schwergewicht freilich liegt hierbei schließlich auf dem Prozeß als solchem. Denn, wie schon das Gesamtproblem es zeigte, die Form hat ihre Bedingungen, aus denen sie sich erbaut, im Prozeß. Wir kennen die lebendige Form nicht anders als im Prozeß begriffen und im Prozeß entstehend; daher muß dieser ein »formbildender« oder »morphogenetischer« sein. Nur so ist die Form Ausdruck der Lebendigkeit, die den Systembegriff des Organismus zu dem sich selbst erbauenden System spezialisiert. Und wenn es also für die lebendige Form tiefere Erklärungsgründe, philosophisch gesprochen »Konstituentien«, geben soll, so können diese offenbar nur im Prozeßcharakter der »Morphogenesis« liegen.

Weil aber der Prozeß selbst wiederum ein kompliziertes Zusammenwirken ist, das sich dem Eindringen der Erkenntnis keineswegs unmittelbar öffnet, so bleibt die Form dennoch methodisch gleichwertig mit ihm, weil sie für die Erkenntnis leichter faßlich, d.h. der Beobachtung [105] unmittelbar zugänglich ist. Sie bietet der Erforschung des Prozesses gleichsam die ersten Anhaltspunkte dar.

Zwischen Morphologie und Physiologie waltet also ein sehr bestimmtes methodisches Wechselverhältnis, welches die Tatsache ihres Zusammenarbeitens in viel tieferer Weise begründet, als sich auf den ersten Blick erkennen läßt. Die Form ist das Prius für die einfache Beschreibung, mit der notwendig alle Naturforschung beginnen muß; denn Veränderung der Form ist allemal für die Erkenntnis das Anzeichen für den Ablauf des an sich verborgenen Prozesses. Der Prozeß dagegen ist auch ein

Prius, nur in anderem Sinne: er enthält die (wenn auch noch unbekannten) Bedingungen, aus welchen allein Formation sich erklären, d.h. sich aus Ursachen verstehen läßt. Dieses Prius ist also das fundamentalere, das Prius im »konstitutiven« Sinne. Und wie sich einfache Beschreibung von Ursachenforschung unterscheidet, ihr einführend vorausgeht, und doch erst in ihr Sinn und Wert findet, so bildet die Form, sofern sie ein Resultat von Prozessen ist, den methodisch vorausliegenden Angriffspunkt für den eigentlich fundamentalen und logisch primären Sachverhalt. Die Erforschung des Prozesses ist Sache des rückschließenden Denkens. Sie eröffnet im Gegensatz zur bloßen Beschreibung ein anderes, nämlich erklärendes Verfahren: den Aufstieg zu den Gesetzen oder Prinzipien des Lebensphänomens.

Es hat über diesen wichtigen Punkt nicht zu allen Zeiten Klarheit gegeben. Es liegt gar zu nah, den Ansatzpunkt für die Forschung, »das für uns Frühere«, mit den gesuchten Erklärungsprinzipien, »dem der Sache nach Früheren«, zu vertauschen. Und gerade Aristoteles, der Urheber dieser klassischen Unterscheidung, ist diesem Fehler verfallen, indem er der Form zugleich den Sinn des formenden Prinzips unterlegte. Die Form ist dann nicht das Resultat des Prozesses, sondern gerade umgekehrt: seine Ursache, d.h. dasjenige, was ihn in Bewegung bringt und auf sein Resultat, das fertige Formgebilde, hinlenkt – wie auf einen vorgesetzten »Zweck«. Dabei kann es nicht ausbleiben, daß man in der Form den Zweck erblickt, den man dann wiederum als wirkende Ursache des Ganzen ansieht. Bei dieser Umkehrung des Sachverhalts wird nicht nur die allgemeine Methodik der Erforschung des Prozesses, sondern auch die Ursachenforschung in bezug auf die Form selbst im Prinzip abgeschnitten. Denn sobald man die wahre Ursache in der Form (als dem Zweck) in Händen zu halten meint, so kann man natürlich nicht mehr nach Ursachen im kausal bedingenden Sinne suchen. Die neuere Biologie hat daher diesen Standpunkt aufs nachdrücklichste verworfen und durch die strenge Unterscheidung von deskriptiver und Ursachenforschung der verhängnisvollen Verwechslung ein für allemal ein Ende gemacht. –

Wenn wir nun auf die niedersten Formen des Lebendigen hinblicken, so zeigt sich, daß hier überall für die wissenschaftliche Bestimmung der Stoffbegriff noch stärker hineinspielt als der Prozeßbegriff. So zeigt [106] vor allem das Plasma noch durchaus Stoffcharakter; hier gerade verläßt uns die Kenntnis der Form um ihrer Kleinheit willen. Daß auch hier die spezifische Form nicht fehlt, dafür haben wir viele Anzeichen. Aber das Mikroskop zeigt sie, mit wenigen Ausnahmen, nicht mehr. Sie sind in bezug auf ihre Sichtbarkeit »Metastrukturen«. Auf solche müssen wir z.B. die verschiedenen Arten des Kolloids, d.h. des »gallertigen« und als solchen weder festen noch flüssigen Aggregattypus beziehen, den wir an den meisten plasmatischen Gebilden vorfinden, und den viele Forscher als den spezifischen Strukturtypus der lebendigen Substanz ansehen. Diese Metastrukturen sind aber selbst schon komplexe Gebilde aus kleineren Einheiten, den anorganischen Molekülen, die eben nichts anderes als der in ihnen »wechselnde Stoff« sind; daher sind sie zugleich Bedingungen des Lebensprozesses, sofern sie die elementaren Kräfte enthalten, die ihn ermöglichen.

Der Lebensprozeß ist, von hier aus gesehen, eine Ausbeutung aufgespeicherter Energie niederer Kraftzentren von spezifischer Art (d.h. der chemischen Energie) für die Synthese von Kraftsystemen höherer Art, – zunächst etwa für die plasmatischen Strukturelemente, dann aber auch für die ganze Zelle, und so fort für die höheren Gebilde. Diese Synthese der höheren Struktur auf Grund der niederen ließe sich noch verhältnismäßig einfach begreifen. Das gibt es auch in der anorganischen Natur. Aber anders wird die Sache, wenn mit der höheren Komplexheit der Form zugleich eine andere und gleichfalls komplexere Art der Energie auftritt, wie wir sie in der fortwirkenden Wiederbildung der gleichen komplexen Form und ihrer fortgesetzten Selbstauflösung, der Assimilation und Dissimilation, oder dem Stoffwechsel beobachten. Hierin liegt das primäre energetische Spezifikum der Lebendigkeit.

Die eine Kehrseite dieses Prozesses verstehen wir verhältnismäßig leicht: die Selbstauflösung. Das Lebewesen enthält unter seinen Bestandteilen hochkomplexe chemische Verbindungen; von diesen sind viele flüchtiger Art. Kein Wunder, daß diese den geringsten Einflüssen nachgeben und die Dissimilation unaufhaltsam vor sich geht, so daß die lebendige Form sich nur erhalten kann, indem sie zugleich den umgekehrten, synthetischen Prozeß im Gange erhält. Aber das gerade ist ja die große Frage: wie kommt es zur Assimilation, wie wird die fortgesetzte Nachbildung der gleichen Form möglich? Kann für die Triebkraft des Stoffwechsels etwa auch der wechselnde Stoff selbst mit seinen Molekularkräften einstehen, oder muß hierfür noch etwas anderes hinzukommen? So ohne weiteres kann er das jedenfalls nicht. Denn wir wissen, daß es dem Chemiker nichts nützt, alle »Bestandteile« der organischen Substanz zusammenzubringen; lebendes, d.h. assimilierendes Eiweiß läßt sich auf diesem Wege nicht herstellen. Nur das Plasma selbst wirkt assimilierend, so daß durch seine Tätigkeit neues Plasma entsteht. So muß man denn wohl schließen, daß im Plasma selbst noch [107] eine besondere Bedingung der Assimilation steckt, die sich durch nichts anderes ersetzen läßt.

Logisch prinzipiell läßt sich diese Problemanforderung in folgender Weise fassen. Für das Zustandekommen des Stoffwechsels genügt nicht die einseitige intersystematische Beziehung, d.h. die Wirkung der niederen Systemkräfte für das höhere System. Es bedarf auch der umgekehrten Einwirkung spezifischer Kräfte des höheren Systems auf die des niederen. Sonst fügen diese sich eben nicht zum komplexeren Gebilde der höheren Ordnung zusammen. Die intersystematische Beziehung muß beiderseitig sein. Sie muß den Typus der Wechselwirkung tragen. In diesem Umstande, daß die spezifische Wirkungsweise des lebendigen Systems für sein eigenes Zustandekommen und Fortbestehen bereits wesentliche Bedingung ist, dürfen wir mit Recht einen Hinweis auf die von neueren Biologen so benannte »Autonomie« des Lebens erblicken. Sie ist streng im wörtlichen Sinn zu verstehen als die »eigene Gesetzlichkeit« des Lebens, die nicht in irgendeiner seiner Teilbedingungen, noch auch in deren Gesamtheit liegt, sondern nur in ihm selbst als der übergreifenden Einheit.

Damit aber verschiebt sich bereits der Begriff des »Plasma«; es wird aus einem passiven Begriff zu einem aktiven. Das Gebilde wird zum Bildner, das Plasma zum »Plasson«.

Dieses dürfte der entscheidende Punkt sein bei den Versuchen, eine funktionelle Definition des Lebensvorganges zu geben, d.h. ihn aus seiner grundlegenden Wirkungsweise heraus zu verstehen. Dann aber haben wir hierin zugleich den zentralen Punkt in all unserem Verstehen der Lebendigkeit überhaupt. Denn solange wir die untermikroskopischen Metastrukturen nicht kennen, ist an einen anderen Erkenntnisweg als den einer funktionalen Analyse des Lebens nicht zu denken. Eine solche Analyse stellt uns unmittelbar vor die Aktivität des Lebendigen und lehrt uns dadurch, daß diese Aktivität nicht sowohl Folgeerscheinung als vielmehr Bedingung des Lebens ist. Hier zeigt sich der innere Sinn jener These, die sich auch dem flüchtigen Beobachter bereits aufdrängt, daß das Lebendige ein »sich selbst erbauendes System« ist, welches daher in seinen kontinuierlich fortwirkenden Leistungen niemals bloß aus äußeren Ursachen heraus zu verstehen ist, sondern zu diesen noch spezifisch wirkende innere Ursachen voraussetzt, deren Wirkungsweise es erst von Systemen anderer Ordnung unterscheidet.

Hier eröffnen sich weite Perspektiven. Der Prozeßcharakter des Lebens muß auf den ersten Blick in Widerspruch zur Erhaltung des Lebewesens stehen. Er ist eben notwendig Abänderung, Selbstauflösung. Wie kann das Leben sich erhalten, wenn es in beständiger Zersetzung begriffen ist? Wie kann das System Gleichgewicht haben, wenn alles in ihm labil ist und zur Dissimilation tendiert? In mechanischen Systemen verstehen wir die Stabilität des Gleichgewichts aus der stabilen Fortwirkung von [108] Kräften, die sich die Waage halten und jede Abweichung durch das mathematisch notwendige Steigen der Gegenkraft regulieren. So halten sich im Planetensystem Attraktion und Tangentialkraft die Waage. Sie sind als Komponenten relativ konstant. Im lebendigen System dagegen wechseln die Kräfte, oder vielmehr ganze Kraftsysteme. Die organischen Molekularverbindungen sind beständigen Veränderungen unterworfen, und die einzelnen Strukturelemente des Plasma sind somit nicht im stabilen, sondern im labilen Gleichgewicht.

Und dennoch »erhält« sich das Plasma, und das Leben geht kontinuierlich fort. Es enthält also notwendig noch ein zweites, ebenso fundamentales Moment des Prozesses, welches der Dissimilation die Waage hält und dadurch die Stabilität des Gleichgewichts auf anderem Wege wiederherstellt: auf dem Umwege beständiger Neuschöpfung der gleichen plasmatischen Struktur.

Hier begegnen wir bereits im Urphänomen des Lebens jener erstaunlichen Zweckmäßigkeit, welche alles Teilgeschehen des Lebensprozesses in bezug auf den ganzen Organismus zeigt: im Begriff der Selbsterhaltung ist die

Zweckmäßigkeit des Prozesses schon enthalten. Denn dieses Selbst, das Lebendige, ist es ja, was »so funktioniert«, daß seine Wirkungsweise ihm allein wieder zugutekommt. Sie stabilisiert das Gleichgewicht der Prozesse, die sich sonst selber aufheben müßten. Das Vermögen der Erhaltung des Ganzen im Wechsel und trotz des Wechsels der Teile macht also den zentralen Punkt im Fortbestand des Lebendigen aus. Das Gleichgewicht der sich erhaltenden Form beruht auf einem Gleichgewicht der Prozesse, oder – wie man es mehr philosophisch ausdrücken kann – auf dem System der Prozesse. Dieses System der Prozesse ist zweckmäßig in bezug auf das Form- oder Struktursystem. Denn es ist in seiner Gesamtwirkung identisch mit dem ursprünglichen Formbildungsprozeß (primäre Morphogenese).

Indem sich nun so das Schwergewicht des Lebensprozesses einerseits von der Dissimilation auf die Assimilation, andererseits aber vom passiven Gebilde (Plasma) auf das aktiv »Bildende« (Plasson) verschiebt, so entsteht ein neuer Begriff, der das Lebendige tiefer charakterisiert als die bisherigen Bestimmungen. Das Plasma ist zugleich »plasmodom«, d.h. »neues Plasma erbauend« (Haeckel). Seine Aktivität als Plasson liegt also darin, daß es unter Aufnahme neuen Stoffs seine eigene Struktur wiederbildet; es ist nicht einfach »Plasson«, sondern »Isoplasson« – »Gleiches-Bildner« (Roux). Diese Selbstwiederbildung erst macht das Wesen derjenigen Plastik, d.h. desjenigen primären morphogenetischen Prozesses aus, durch welchen das von der Dissimilation fortdauernd gestörte Gleichgewicht des Lebewesens sich ebenso fortdauernd wiederherstellt; sie ist »Isoplastik« im strengen Sinn. Sie stellt diejenige Gesetzmäßigkeit dar, in welcher allein wir die Produktion von Plasma kennen, wiewohl keineswegs aus ihren primären Ursachen heraus verstehen – nämlich seine Selbstreproduktion. Ursprüngliche Produktion [109] liegt nicht im Umkreis menschlicher Beobachtung; und sie ist bis heute eins der dunkelsten Probleme am Lebensphänomen. Nur die vom bereits vorliegenden Produkt ausgehende »Reproduktion« liegt im System der Prozesse des Stoffwechsels vor. Das, wovon die Bildung des spezifisch geformten Stoffes ausgeht, ist immer schon der ihm gleichgeformte Stoff. Die Physiologie hat daher dieses Verhältnis von seiner chemischen Seite zu fassen gesucht; die primäre lebendige Substanz, deren chemische Struktur freilich noch in einer ganzen Reihe von Bestandteilen unbekannt ist, wird dabei unmittelbar als der lebenerzeugende Stoff – »Biogen« gefaßt (Verworn).

Diese Grundleistung des »Gleiches-Bildens« erstreckt sich auf alle Stufen des Stoffwechsels. In ihr gründet sich ebensowohl die primäre Assimilation der anorganischen Stoffe durch das pflanzliche Plasma (eigentliche Plasmodomie) als auch die sekundäre Assimilation des pflanzlichen Plasma zu tierischem (Plasmophagie), welche gleichsam die höhere Stufe zu jener bildet und dementsprechend höhere Strukturtypen des Plasma hervorbringt. Überall ist das spezifische Gebilde zugleich sein eigener Fortbildner, genauso sehr wie es Ursache seiner Selbstauflösung ist. Auf dieser durchgehenden Selbstregulation des Stoffwechsels beruht die Stabilität seines Gleichgewichts. In diesem beschränkten Sinn gehört der Regulationsbegriff, den einige Forscher erst höheren Prozessen beilegen wollen, durchaus schon zur Assimilation (Hering). Gerade der systemartige Charakter des Gleichgewichts von Verbrauch und Ersatz, in welchem das Plasma sich erhält, macht ihn unentbehrlich. Der Verbrauch muß selbst wieder zur Ursache des Ersatzes werden, etwa zum »Anreiz« der Assimilation, wie wir ihn z.B. als Nahrungsreiz im Phänomen des Hungers bei den Tieren genau kennen. Aller Wiederersatz muß mit Selbstregulation verbunden sein; sonst müßte er das Lebewesen durch seine eigene Wirkung (Überersatz oder Unterersatz) aus dem Gleichgewicht der Prozesse bringen, in welchem seine Lebendigkeit besteht.

Daß alles lebende Plasma Isoplasson ist, liegt also in seinem Begriff eingeschlossen. Aber das Plasma ist ja nicht überall dasselbe. Es muß seiner so viele Arten geben, als es Typen des Lebendigen gibt. Denn wenn die Formbildung von ihm ihren Ausgang nimmt, so muß der Differenzierung der Form notwendig der primäre Unterschied im Plasma entsprechen. Dann aber löst sich der einheitliche Begriff des Isoplasson auf in eine unübersehbar mannigfaltige Reihe spezifischer Isoplassonten, deren Wesen nun auch nicht bloß darin besteht, daß sie überhaupt »Gleiches bilden«, sondern darin, daß ein jedes von ihnen sein spezifisch unterschiedenes »eigentümliches« Gleiches, das »Idion« seiner Art bildet. So liegt es denn nah, die von Nägeli für das Vererbungsproblem geprägte begriffliche Spezialisierung des

Plasma zum »Idioplasma« bereits auf das Stoffwechsel-problem anzuwenden – wie denn dieses mit jenem auch sachlich unlösbar verknüpft ist – und dementsprechend das allgemeine [110] Isoplasson zum besonderen »Idio-plasson« zu spezialisieren. Das bedeutet wiederum einen Schritt auf die spezifische Formbildung zu. Denn hiermit ist die Differenzierung des Zellplasma schon an-gebahnt. Nämlich die Entstehung sichtbarer, vielzelli-ger Gestaltungen ist abhängig von der Lagerung der ein-zelnen Zellen aneinander. Diese Lagerung wiederum ist sehr verschieden je nach der inneren Struktur der Zellen selbst. Wenn nun aber die besondere Struktur jeder Zel-lenart in einer besonderen Art der Formbildung (in spe-zifischer Assimilation) entsteht, diese aber in ihrer Ei-genart ihrerseits auf der Tätigkeit eines hochdifferen-zierten Idioplasson beruht, so liegt es auf der Hand, daß in der Besonderheit des letzteren eine Grundbedingung für die Entstehung sichtbarer organischer Formtypen enthalten sein muß.

Das einfache Isoplasson dagegen hat eine derartige Beziehung zu spezifischer Struktur noch keineswegs nötig. So ist es denn auch keineswegs erforderlich, es als gegliederte Zelle mit Kern und Membran zu denken. Es kommt vielmehr auch den primären Lebenseinheiten zu, als deren Aggregate sich die einfachsten Zellenarten, etwa die – wie man glaubt – kernlosen »Moneren«, auf-fassen lassen. Gebilde dieser niederen Ordnung lassen sich sehr wohl noch rein als chemische Verbindungen auffassen, wiewohl als Verbindungen komplexester Art, von denen jeder isolierte Teil wiederum eine vollständige Lebenseinheit des gleichen Typus bildet und die gleichen Charaktere wie das ganze Aggregat aufweist. So muß das Prinzip des Stoffwechsels notwendig sich abwärts erstrecken bis auf die denkbar niedersten Lebenseinheiten; denn daß diese eben noch »Lebenseinheiten«, d.h. lebendige Systeme sind, das bedeutet im Grunde nichts anderes, als daß sie assimilieren und dissimilieren. –

Mit dem Urbegriff der Assimilation hängt aber zugleich noch eine fernere Eigentümlichkeit der Lebewesen zusammen, ihr Wachstum. Wenn wir oben sahen, daß die Produktion neuen Plasmas überall den Charakter der Reproduktion trägt, so ist damit keineswegs gesagt, daß sie ebenso ihrer Menge (quantitativ) wie ihrer Art nach (qualitativ) durch das vorhandene Plasma bestimmt wäre. Freilich ist die Assimilation quantitativ reguliert, aber in erster Linie nur negativ, d.h. in dem Sinne, daß sie hinter der Dissimilation nicht zurückbleibt – sofern nur die äußeren Bedingungen der Stoffzufuhr vorhanden sind. Im allgemeinen aber wirkt die Regulation des Stoffwechsels dahin, daß für den Verbrauch nicht einfach Ersatz, sondern Mehrersatz eintritt. Die Reproduktion des Plasma wird zur Überproduktion.

Damit aber ist das Gleichgewicht beider Prozesse wieder aufgehoben. Je größer freilich die Assimilation wird, umso größer wird auch die Dissimilation; aber sie hinkt dann eben doch nur nach, und jene bleibt ihr immer einen Schritt voraus. Dieser eine Schritt Vorsprung aber ist in der Kontinuität des Prozesses entscheidend. So kommt es, daß das ganze System, statt sich gleich zu bleiben, stetig wächst. Da es aber [111] unmöglich ist, daß ein Gebilde von spezifischer Struktur ins Unbegrenzte weiter wächst, ohne dabei diese seine Struktur zu verändern, so bringt nun wiederum das Wachstum eine Reihe von Veränderungen mit sich, deren inneren Zusammenhang mit dem Stoffwechsel man auf den ersten Blick nicht so leicht durchschaut. Rein schematisch genommen gibt es zwei Möglichkeiten, die eintreten können: das über eine gewisse Grenze hinausgewachsene Lebewesen kann entweder sich teilen, so daß die Teile als selbständige Wesen fortleben; oder es kann sich innerlich differenzieren, so daß es durch eine mannigfaltigere Gliederung (Organisation) zum Weiterleben unter den veränderten Bedingungen fähig wird. Beide Wege finden wir in der Tat von der Natur eingeschlagen. Der erstere führt zur Fortpflanzung, der letztere aber zur Formbildung im engeren Sinne, zur differenzierten sichtbaren Struktur.

Den genauen Übergangspunkt von der einfachen chemischen Assimilation zur differenzierten Strukturbildung oder Organisation bezeichnet ein Begriff, der freilich auf dem heutigen Stande der Forschung bloß den Sinn eines Ausdrucks für das Problem hat: die morphologische Assimilation. Was er besagt, ist klar. In allen Lebewesen, die überhaupt Struktur zeigen – und das sind von den Amöben ab alle – wird in der Assimilation nicht nur die spezifische chemische Zusammensetzung des Plasma wiedergebildet, sondern auch die besondere organische Struktur selbst. Das kommt dadurch zustande, daß die chemische Assimilation in sich selbst wiederum differenziert ist und an verschiedenen Teilen der Zelle verschieden assimiliert. Schon das Auftreten eines Zellkerns, der sich vom Plasma unterscheidet, zeugt von hoher Differenzierung der Assimilation. Er ist eben schon ein typisches, unter Umständen hochkompliziertes »Organ«, vielleicht auch ein ganzes System von Organen, das in allen seinen Teilen wiederum einen besonderen Stoffwechsel im kleinen zeigt. Dennoch ist dieser Teilstoffwechsel des Zellkernes in der Regel nicht unabhängig von dem der übrigen Teile und dauert, wenn er von jenen künstlich isoliert wird, nur geringe Zeit fort. Hier setzt eben schon ein höheres Gesetz der Komplizierung ein, durch welches die assimilierenden Funktionen der Teile nach Art des Regulationssystems aufeinander bezogen sind. Und diese Unlösbarkeit der Teilfunktionen aus dem Ganzen ist die Urbedingung aller organischen Differenzierung, die sich für uns nur aus ihrem Resultat, der zweckmäßigen Arbeitsteilung der Organe, verstehen, aber aus ihren primären Entstehungsursachen nicht mehr rekonstruieren läßt. Wenn aber überhaupt die Grundlegung gelten soll, daß spezifische Ursachenkomplexe sie in ihrer Entstehung bedingen, dann müssen diese freilich zugleich die Ursachen des ganzen morphogenetischen Prozesses sein, wie er in aufsteigender Linie alles bis zu den kompliziertesten Formen der Vielzelligen hinauf beherrscht. Die funktionale Differenzierung des Prozesses steht dann unmittelbar als die komplexe Ursache der Formdifferenzierung da; und jeder Stufe der Formentfaltung – wie immer kompliziert sie auch [112] sein mag – muß dann notwendig eine besondere Stufe der komplizierten Wiederbildung als ihre ursächliche Bedingung entsprechen.

Daß aber solche Ursachen wirksam sind, kann im Prinzip nicht bezweifelt werden. Die eindeutige Wiederkehr ihrer typischen Resultate legt dafür Zeugnis ab. Worin sie aber gesucht werden sollen, ist bislang noch nicht zu ersehen. Selbst solche Funktionalbegriffe wie die »Ungleichverteilung«, die dem Wachstum folgt, besagen hier verhältnismäßig wenig. Sie drücken immer noch mehr Resultate als ursächliche Bedingungen aus. Indessen ist gerade heute die Forschung dabei, auch diesem rätselvollen Phänomen mit den Sonderungsmitteln des Experiments nachzugehen, und die Methodik der Spezialuntersuchung ist in diesem Problem vielleicht am sichtlichsten auf dem Wege zunehmender Verfeinerung begriffen (Loeb, Roux, Driesch, O. Hertwig u.a.).

VIERTES KAPITEL
Individuum und Gattung

Die Betrachtung der primären Formbildungsprozesse zeigte uns das Lebewesen als ein System von Funktionen, die einander nicht nur gegenseitig im Gleichgewicht halten, sondern auch im Störungsfall regulieren. Es ist also ein regulatives System, das sich eben durch diese seine Selbstregulierung von jedem anorganischen System unterscheidet. Es bildet eine in sich »unteilbare« Einheit – nicht in dem Sinne freilich, daß es etwa nicht aufgelöst werden könnte, wohl aber in dem anderen Sinne, daß man ihm nichts von seinen Teilen oder Teilfunktionen nehmen kann, ohne das Ganze zu zerstören. Es ist ein Lebendiges nur als Ganzes; und wenn man es gewaltsam teilt, so gehen die Teile entweder zugrunde, wie bei den höher organisierten Wesen, oder aber sie ergänzen sich wieder und leben dann als regeneriertes »Ganzes« weiter. Diese Fähigkeit der Regeneration oder Selbstergänzung, wie sie alle Einzelligen und viele niedere Vielzellige besitzen, ist nichts anderes als eine komplizierte Art von morphologischer Regulation und gehört daher bereits mit zu den Funktionen des regulativen Systems. Sie erweitert keineswegs jene relative Stabilität des Gleichgewichts, welche die Existenzbedingung des Lebewesens ist und macht, daß es nur als Ganzes bestehen kann. Sie bestätigt vielmehr die funktionell unteilbare Einheit des Ganzen. Daher trägt dieses mit Recht den althergebrachten Namen »Individuum«, d.h. »Unteilbares«. Die strenge Abgrenzung der Einheit seiner Funktionen gegen die Naturprozesse der Umwelt gibt ihm diese exklusive Haltung, während das mechanische Bewegungssystem solche Abgrenzung nicht kennt und durch seine Einordnung in höhere Systeme unbegrenzt modifiziert und verändert werden kann.

Was für die Einzelligen das assimilierende Plasma selbst an Regulation des Gleichgewichts leistet, das besorgt für die höheren [113] Organismen ein komplizierterer Regulationsapparat, der in bestimmten Teilen des Nervensystems sich sein besonderes Organ anlegt. Auch das ist notwendige Existenzbedingung. Denn das Individuum höherer Art ist genau so sehr wie das niedere an das Gleichgewicht der Prozesse gebunden, in deren Ablauf seine Lebendigkeit besteht.

Sieht man nun aber genauer zu, so erweist sich die Stabilität dieses Gleichgewichts als sehr relativ. Es ist lange nicht alles in ihm stabilisiert. Das Individuum ist sein ganzes Leben hindurch in fortwährender Veränderung begriffen. Das trifft am augenfälligsten auf die frühen Lebensstadien zu. Die Embryonalentwicklung, die das Individuum durchläuft, ehe es den vollen Typus seiner Art erreicht, ist ein unausgesetztes Fortschreiten von Wachstum und Komplizierung. Aber ganz steht dieser Prozeß eigentlich niemals still, so daß wir das Individuum kaum jemals in wirklichem Gleichgewicht ruhend finden.

Indessen läßt sich, wie wir bereits sahen, a priori voraussehen, daß dieser Prozeß nicht in infinitum weitergehen kann, sondern irgendwo sein Ende haben muß. Dieses Ende nun kann aber nichts anderes bedeuten als die endgültige Aufhebung des Gleichgewichts der Prozesse und damit des ganzen Stoffwechselsystems.

Wir kennen nun diese Aufhebung des individuellen Lebens an allen mit bloßem Auge sichtbaren Organismen – genauer allen Vielzelligen als den Tod. Wir verbinden damit unwillkürlich die Vorstellung eines durchgängig waltenden Naturgesetzes. Und das insofern mit Recht, als der Tod der Vielzelligen keineswegs bedingt ist durch äußere Störungen, wie Nahrungsmangel, Verletzung oder Verfolgung durch andere Lebewesen, denen das Individuum als Nahrung dient – so sehr es wahr bleibt, daß von vielen Gattungen die größte Zahl der Individuen Beute anderer Tiere wird. Neben diesem gewaltsamen Tode gibt es den »natürlichen« Tod, der, wo jener ausbleibt, mit Notwendigkeit in einem bestimmten Alter auftritt. Das individuelle System trägt in sich selbst die Grenzen der Stabilität seines Gleichgewichts.

Dieses Moment der Vergänglichkeit, das zu allen Zeiten die spekulativen Köpfe beschäftigt hat, bedeutet aber als biologisches Phänomen keineswegs die Selbstaufhebung des Lebens. Gerade das »Leben« dauert fort, es überlebt das Individuum. Die Natur schlägt hier nur einen anderen Weg zur Erhaltung des Lebens ein. Sie reproduziert das Individuum.

Es findet hier etwas Ähnliches statt wie im Stoffwechsel. Wie dort der Dissimilation die Assimilation gegenübertritt und ihr die Waage hält, so hier auf höherer Stufe einem analogen Auflösungsprozeß ein gleichfalls analoger Wiederbildungsprozeß. Diese Art der Repro-

duktion freilich wirkt anders als die in der Assimilation
tätige. Sie kann das gestörte Gleichgewicht nicht mehr
am alten System wiederherstellen, aber sie kann dafür
ein ganz neues System hervorbringen, in welchem dennoch das alte Gleichgewicht gewahrt bleibt, indem es jenem in allen Stücken, [114] in seinen Teilen wie in seinen Teilprozessen, ähnlich sieht. In dieser Individualreproduktion, der Wiederbildung des ganzen Individuums, besteht die Fortpflanzung. Das Gleichgewicht aber,
das sich in ihr wiederherstellt, ist gleichfalls eine Stufe
höher hinauf verlegt: in die Gattung. Diese ist es, welche
die nächsthöhere Einheit des Lebens über dem Indiv-
duum ausmacht. Auf sie nun muß sich die Stabilität
übertragen, die das Individuum nicht leisten kann. In
ihr muß das durch den Tod abgebrochene Leben wieder
kontinuierlich werden.

Aus den zwei einander ergänzenden Stufen der Reproduktion, der Assimilation und der Fortpflanzung, läßt
sich nun ein Grundgesetz des Lebens entziffern, das
man mit Fug das »Reproduktionsgesetz« nennen könnte: jede Art der Selbstwiederbildung bedeutet Selbsterhaltung des Lebens, aber nicht derselben, sondern der
nächsthöheren Stufe. So bedeutet die Assimilation
nicht die Erhaltung der einzelnen assimilierenden Plas-
mateilchen, wohl aber die des ganzen Isoplassonten;
und ebenso bewirkt die Reproduktion der Individuen
nicht Selbsterhaltung des Individuums, sondern der
Gattung. Die ganze Zweckmäßigkeit dieses Leben erhaltenden Prozesses zielt eben nicht mehr auf das Individuum ab, sondern auf die Gattung. Das Individuum wird

zum Mittel, zum vorübergehend funktionierenden Organ. Das Leben der Gattung ordnet sich ihm über. Es weist ihm seine Teilfunktion innerhalb der höheren Systemeinheit an. Das Individuum verschwindet in der Gattung; diese bleibt stabil in der Labilität des Individualgleichgewichts. Sie treibt mit den Individuen gleichsam einen Stoffwechsel im großen Stil, in welchem ganze Stoffwechselsysteme zum wechselnden Stoff herabgedrängt sind. Das unlösliche Verhältnis von Reproduktion und Gleichgewicht ist also nicht eine der einzelnen Systemordnung immanente, sondern eine zwischen zweien vermittelnde, oder intersystematische Korrelation. Wir haben es im Reproduktionsgesetz mit einem zweiten intersystematischen Gesetz zu tun, welches zu dem ersten, uns bereits bekannten Grundverhältnis von Form und Materie das dynamische Gegenstück bildet. Wie die niedere Systemordnung allemal den Stoff der höheren bildet, indem ihre Außenkräfte zugleich deren Innenkräfte sind, so erweist sich die Reproduktion des niederen Systems immer zugleich als Erhaltung des höheren; und in diesem Grundverhältnis wurzelt alle Selbsterhaltung eines Systems von Prozessen. Das aber ist es, was wir Lebendigkeit nennen.

Die Analogie mit dem Stoffwechsel geht indessen noch einen Schritt weiter. Auch die Individualreproduktion ist, genau so wie die Assimilation, nicht einfach Ersatz, sondern Mehrersatz, nicht einfach Reproduktion, sondern Überproduktion. Alle Tiere und Pflanzen bewirken durch ihre Fortpflanzung eine Vermehrung der Individuenzahl, manche Gattungen sogar das Tausend-

und Hunderttausendfache ihrer jeweiligen Anzahl. Hier müßte also auch ein Wachstum der Gattung eintreten, und damit wäre wiederum der Ausgangspunkt für Störung des Gleichgewichts [115] und dessen Wiederherstellung in einem nächsthöheren System der Prozesse gegeben. Aber die Systemordnungen des Lebendigen gehen nicht ins Unendliche, wiewohl uns die Betrachtung einer höheren Ordnung des Lebensprozesses noch bevorsteht. In diesem Fall aber entspricht das rapide Anwachsen der Individuenzahl einer ganz besonderen regulierenden Gegenleistung, ohne welche die Gattung sehr bald zugrunde gehen müßte. Es ist die bei vielen Gattungen sehr hohe Vernichtungsziffer (hauptsächlich durch Feinde), welche eine gleich hohe Überproduktionsziffer erfordert, sofern die Gattung nicht zugrunde gehen soll. Und in dieser Richtung haben wir es denn freilich wieder mit einem Gleichgewicht zu tun, und zwar einem rein quantitativen, welches der Ausdruck einer besonderen Kehrseite an der Erhaltung des Gattungslebens ist. Es ist die gegenseitige Abhängigkeit, in welcher die verschiedenen Gattungen (resp. Arten) untereinander stehen. Dieses quantitative intergenerelle (d.h. »zwischen den Gattungen waltende«) Gleichgewicht kann die mannigfachsten Formen annehmen, zumal es in der Regel nicht bloß zwischen zwei Gattungen, sondern gleichzeitig zwischen vielen statthat. Am bekanntesten ist diese Erscheinung an den Quantitätsverhältnissen von Raubtier und Beutetier: steigt die Anzahl der Beutetiere, so verbessern sich die Lebensbedingungen für die Räuber; kaum nehmen diese aber infolgedessen an Zahl zu, so dezimieren sie jene bis unter ihre Normalziffer herab; was dann zur Folge hat, daß auch ihre eigene Anzahl wieder herabsinkt, worauf die der Beutetiere aufs neue zu steigen beginnt. Das intergenerelle Gleichgewicht ist somit weder ein rein stabiles noch ein rein labiles, sondern ein pendelndes. Auf diesem Wege reguliert sich die Normalziffer aller Arten.

Indem wir nun die Konsequenzen der Individualreproduktion bei den Vielzelligen wenigstens in großen Zügen übersehen, müssen wir uns gleichwohl noch einmal zurückwenden zu den Einzelligen, bei denen dieser Vorgang einen wesentlich anderen Verlauf nimmt. Erst im Gegensatz hierzu läßt sich dann auch die Fortpflanzung der Vielzelligen genauer fassen.

Die neuen Individuen entstehen hier unmittelbar und ohne Übergangsstadien aus dem elterlichen Individuum. Dieses schnürt sich einfach in der Mitte durch und zerfällt so in zwei Individuen, die dann nachwachsen. Es »teilt« sich also, und in dieser Selbstteilung besteht seine Fortpflanzung. Darin liegt seine zweite, zur Assimilation hinzutretende lebenerhaltende Funktion: es ist nicht nur »Isoplasson«, sondern auch »Automerizon«, d.i. »Selbstteiler« (Roux). Erst diese beiden Wirkungscharaktere machen den funktionalen Begriff des primären Lebewesens aus.

Der Vorgang der Selbstteilung ist keineswegs ein durchaus einfacher. Bei kern- und strukturlosen Zellen, falls es solche gibt, kann es freilich ein bloß quantitativer Abscheidungsprozeß sein. Bei allen irgendwie differenzierten Zellen dagegen ist er um so komplizierter, je mehr die [116] Differenzierung der Organe zunimmt. Denn es kommt dann darauf an, daß sich die ganze organische Struktur gleichmäßig auf beide Tochterzellen verteilt. Dazu bedarf es dann eines besonderen Kernteilungsapparats, der alle Glieder der Kernsubstanz zu gleichen Teilen auseinanderzieht. Diese »indirekte« Kernteilung (Karyokinese oder Mitose) bringt es erst zu der qualitätsgleichen Halbierung, dank welcher jede der neuentstehenden Zellen ein ganzes Individuum mit allen zugehörigen Organen ist.

Man ersieht dabei leicht, daß in der Zellteilung nichts von dem vorhandenen Plasma verlorengeht. Es »stirbt« nichts ab. Hier spielt sich also ein Wechsel der Individuen ohne den Tod des individuellen Lebens ab. Daher kann man in gewissem Sinne sagen, die Einzelligen seien »unsterblich« (Weißmann). Freilich ist das nur »potentielle« Unsterblichkeit, denn der Vernichtung durch äußere Einwirkungen sind alle Lebewesen unterworfen. Nicht die Auflösbarkeit, sondern nur die aus inneren Bedingungen notwendige Selbstauflösung, oder der »natürliche Tod«, ist es, was dem einzelligen Automerizon nicht zukommt. Was hierbei unsterblich wird, ist ja keineswegs das Individuum als solches, sondern nur das Plasma. Dieses erhält sich, indem es qualitätsgleich durch die unbegrenzte Reihe der Individuen gleichsam entlangwandert und in seiner »überindividuellen Identität« vielmehr die Unsterblichkeit der Gattung zuwege bringt. Und es leuchtet ein, daß hiermit zugleich unmittelbar das Gleichgewicht der Gattung sich herstellt, sofern nur der Überproduktion durch fortgesetzte Teilung eine entsprechend große Vertilgungsziffer entgegensteht.

Es wird nun auch begreiflich, welchen Sinn das Auftreten des Todes bei den Vielzelligen hat. Diese Lebewesen können sich eben nicht qualitätsgleich teilen, wie die einzelne Zelle. Ihre hohe Differenzierung läßt es nicht zu. Die Fortpflanzung muß hier auf andere Weise erzielt werden. Das nun geschieht durch Arbeitsteilung, indem nicht mehr der ganze Körper, sondern nur ein bestimmter Teil, die Keimzelle, die Leistung der Reproduktion übernimmt. Damit aber differenziert sich das Lebewesen in zwei ungleiche Bestandteile: den individuellen Teil mit all seinen Organen und Funktionen, die nur der Erhaltung des Individuums dienen (deren Summe man im Unterschied vom Ganzen als »Soma« bezeichnet hat), – und den kleinen Komplex reproduktionstätiger Keimzellen, die der Erhaltung der Gattung dienen. Ersterer ist sterblich, weil er nach vollzogener Fortpflanzung für die Erhaltung der Gattung nichts mehr beiträgt. Die Keimzelle dagegen hat die potentielle Unsterblichkeit der Einzelligen, die freilich hier in der Regel noch an eine zweite Bedingung, die Verschmelzung mit einer Keimzelle des andern Geschlechts (Amphimixis), gebunden ist. Wenn diese letztere aber eintritt, so beginnt die Zelle sich durch Teilung zu vermehren und gibt so dem embryogenetischen Prozeß seinen Anfang, in welchem aber wiederum ein Teil des Keimplasma als »Urkeimzelle« des jungen Individuums bestehen bleibt, [117] um in dessen Soma hernach auszureifen zu zeugungsfähigen Keimzellen und in dieser Weise weiter von Individuum zu Individuum, von Generation zu Generation zu wandern. Und auch hier beruht, wie begreiflich, auf dieser Kontinuität des Keimplasma (Weißmann) und seiner überindividuellen Lebensfähigkeit nichts geringeres als die Erhaltung der Gattung. Daher ist denn auch die Gattung in einem streng analogen Sinn unsterblich wie die Einzelligen und das Keimplasma. Sie trägt keinerlei Bedingungen des natürlichen Todes in sich, und nur wo die äußeren Lebensbedingungen versagen, tritt der »Artentod« ein.

Mit der Zuordnung der Reproduktion an ein bestimmtes Organ hängt nun aber noch eine zweite Arbeitsteilung zusammen, nämlich ihre Verteilung an zwei Geschlechter, wie sie die höheren Pflanzen und fast das ganze Reich der vielzelligen Tiere zeigen. Diese Einrichtung, die jeden Arttypus in zwei Untertypen zerteilt und somit bewirkt, daß nie in »einem« Individuum der einheitliche Grundtypus erscheint, ist in ihrer Wirkungsweise keineswegs so unmittelbar einleuchtend, wie man meinen sollte. Lange glaubte man, daß die Eizelle, für sich genommen, vollkommen passiv sei und erst vom eindringenden Spermatozoon »belebt« werde. Ein genaueres Studium der Reifeteilungen des Eikerns, die der Befruchtung vorausgehen, hat hierüber eines anderen belehrt. Das Ei ist von Hause aus sehr wohl teilungsfähig, aber in den Reifeteilungen verliert es seinen Teilungsapparat (die Zentrosphäre) und wird dadurch erst befruchtungsbedürftig, denn die Samenzelle bringt beim Eindringen ihre Zentrosphäre mit.

Aber darin kann nicht die eigentliche Bedeutung der Befruchtung liegen. Die zahlreichen bekannt gewordenen Fälle der Entstehung voller Individuen aus unbefruchteten Eiern (Parthenogenese), sowie die große Anzahl der Sporenpflanzen, bei denen allen die Zeugung ungeschlechtlich vor sich geht, legen davon Zeugnis ab, daß die Natur das Gleiche auch auf einfacherem Wege erreicht. Warum aber ist dann überhaupt in der geschlechtlichen Fortpflanzung der weitere Umweg beschritten?

Die Gründe dafür lassen sich bislang nur aus dem Prinzip der Zweckmäßigkeit vorwegnehmen. Zweckmäßig nun für die Gattung ist etwas, sofern es ihre Erhaltung begünstigt. Die Erhaltung der Gattung hängt ganz und gar von der Exaktheit der Individualreproduktion ab. Es kommt darauf an, daß der Gattungstypus von den reproduzierten Individuen möglichst genau repräsentiert und nicht von der Abnormität individueller Abweichungen überwuchert werde. Beruht nun die Reproduktion in jedem Einzelfall nur auf einem einzigen Individuum, so eröffnet sich die Möglichkeit, daß bei weiterer Fortpflanzung derartige Abnormitäten sich steigern und den Grundtypus verschieben können. Das kann aber auf die Dauer den Untergang der Art bedeuten. Wenn dagegen immer zwei Individuen zusammenwirken müssen, um ein neues zu erzeugen, so paralysieren sich die Individualcharaktere durch fortgesetzte Kombination vieler Individuen. Die Bedeutung der geschlechtlichen Fortpflanzung [118] ist also die einer qualitativen Regulation der Gattung. Es ist das qualitative Gleichgewicht ihres Typus, welches an ihr hängt – ein Modus der reproduktiven Erhaltung, der mindestens ebenso schwer ins Gewicht fällt wie sein quantitatives Analogon.

Dieser ganze Zusammenhang aber, sowie auch die Individualreproduktion überhaupt, ist nur unter einer Voraussetzung angängig, nämlich, daß es überhaupt eine Übertragung der morphologischen Charaktere von einem Individuum auf das andere gibt. Die Reproduktion muß Selbstreproduktion oder Selbstübertragung sein. Kurz, es muß Vererbung walten.

Daß es nun überhaupt Vererbung gibt, und daß die Art- wie Individualcharaktere sich wirklich auf die Nachkommen übertragen, daran gibt es freilich keinen Zweifel. Aber ein anderes ist es, das Faktum konstatieren, ein anderes, es aus seinen Ursachen verstehen. An kaum einem Punkte verläßt uns nun die Kenntnis der Ursachen und der waltenden Gesetze so sehr wie an diesem Punkt. Die große Genauigkeit, mit der immer wieder der gleiche Gattungstypus reproduziert wird – oft bis in die minutiösesten Strukturen und Metastrukturen hinein –, stellt es ganz außer Frage, daß hier wirklich ein Gesetz oder gar eine ganze Reihe zusammenwirkender Gesetze obwaltet. Aber die Aufgabe, diese Gesetze zu ergründen, scheitert an der außerordentlichen Kleinheit des Übertragungsapparates, des Idioplasmas der Keimzellen, welches durch eine in ihm selbst gelegene komplizierte Mikromechanik als aktiv reproduzierendes »Idioplasson« wirkt.

Der Vererbungsprozeß der Einzelligen ist viel unmittelbarer einleuchtend, weil er direkte Übertragung durch Teilung ist; eigentlich darf man hier nicht einmal von »Übertragung« sprechen, denn bei der Zellteilung gelangen ja von vornherein alle organischen Differenzierungen in das Tochterindividuum hinein, so daß sie in diesem nicht erst zu entstehen brauchen. Das neue Individuum ist hier von vornherein ein vollzähliges Ganzes, das sich nur noch auszuwachsen braucht, um der Mutterzelle in jeder Hinsicht zu gleichen.

Anders die Vielzelligen. Hier enthält ein verschwindend kleines Gebilde den ganzen Übertragungsapparat eines meist unvergleichlich viel größeren Soma. Von ihm geht der morphogenetische Prozeß aus, der in der Totalbildung eines ganzen Soma endigt. Im Keimplasma muß also ein ganzes System von Strukturanlagen enthalten sein, welche den Gang der Entwicklung des neuen Individuums bis ins Einzelne hinein determinieren. Die Keimzelle muß also ein System von Determinanten enthalten; und hier drängt sich nun die heute von vielen Forschern vertretene Hypothese auf, daß nur der Kern der Keimzelle, und zwar speziell dessen farbige Teile, die Chromosomen, die Träger morphologischer Determination, d.h. Vererbungssubstanz, sein können. Diese Annahme ist natürlich keineswegs sichergestellt, stützt sich aber auf so eindeutige Anzeichen, daß es, solange keine bessere sie ersetzt, unmöglich ist, ihr [119] etwas Positives entgegen zu halten. Die Mikromechanik des Befruchtungsprozesses, soweit sie sich mikroskopisch verfolgen läßt, spricht in erster Linie dafür. Denn diese besteht in der Verschmelzung der Chromosomen des Eikerns mit der gleichen Anzahl von Chromosomen des Spermakerns, der sogenannten Amphimixis. Wenn diese überhaupt »prospektive« Bedeutung für den Prozeß der Embryogenese haben soll, so kann diese wohl nur in der gleichmäßigen Übertragung der väterlichen und mütterlichen Individualcharaktere gesucht werden. Dann aber muß das Chromatin das eigentliche Idioplasma der Vererbung und der Träger aller weiterwirkenden Determination sein.

Das gleiche legen aber auch die Zellteilungen der Embryogenese selbst nah. In diesen ist nämlich durchweg dafür Sorge getragen, daß die einzelnen Chromosomen sich mit teilen und auf diese Weise in alle neuentstehenden Tochterzellen hineingelangen, was durch den minutiös komplizierten und – wie es scheint – aufs exakteste funktionierenden Teilungsmechanismus der Karyokinese bewerkstelligt wird. Wenn dieser fortlaufende, hochdifferenzierte Teilungsprozeß einen Sinn für den morphogenetischen Prozeß haben soll, so kann dieser wohl nur darin gesehen werden, daß das Anlagesystem des Zellkerns hier in Wirksamkeit tritt und daß dementsprechend die einzelnen Determinanten der einzelnen Strukturteile auch wirklich in die verschiedenen Teile des werdenden Individuums hineingelangen.

Dabei muß freilich zweierlei vorausgesetzt werden: erstens daß die Chromosomen nicht in sich einfache Körper, sondern aus kleineren unsichtbaren Teilen mannigfacher Art zusammengesetzt sind; wie denn ihre determinierende Leistung in den verschiedenen Teilen des Embryo eine selbst wieder höchst verschiedene und im eigentlichen Sinne differenzierende ist. Zweitens aber muß angenommen werden, daß die fortschreitende Kernteilung selbst hier eine andere ist als in der Fortpflanzung der Einzelligen. Während sie dort ihren qualitativen Charakter darin hat, daß sie »qualitätsgleiche« Teilung ist, d.h. die Kernmasse zu streng entsprechenden Teilen an die Tochterzellen überführt, so muß sie hier umgekehrt zugleich eine differenzierende Leistung vollziehen und in die beiden neuen Zellkerne verschiedene Determinantengruppen überführen. Das ist eine wesentliche Bedingung des morphogenetischen Prozesses. Ohne sie würde er eben nicht »morphogenetisch« sein, denn bloße qualitätsgleiche Teilung ergibt noch keine vielzellige »Struktur«, sondern bloß ein gleichförmiges Aggregat. Die Differenzierung der Embryonalteile kann nirgends anders als in der Zellteilung selbst ihren Ursprung haben. Dann aber muß diese notwendig auf einer spezifisch gesetzmäßigen Ungleichverteilung der determinierenden Vererbungssubstanz beruhen.

Mit diesen wenigen Grundlinien ist die moderne Keimplasmatheorie, wie sie am weitesten von Weißmann durchgeführt worden ist, keineswegs erschöpft. Sie führt zu einer ganzen Reihe weiterer Annahmen, deren unvermeidlich hypothetischer Charakter, so berechtigt er methodisch ist, [120] ihr viele Gegner zugezogen hat. So ist die Konsequenz gar nicht zu umgehen, daß auch die Determinanten schon relativ hochdifferenzierte Gebilde sein müssen, da ja die Determination, die sie leisten, eine mannigfach verschiedene und komplizierte ist. Dann aber müssen sie wiederum aus einfacheren Lebenseinheiten bestehen, in die sie sich, wenn sie an die zugehörige Stelle des Embryo gelangt sind, auflösen, um durch deren Eindringen in das Zellprotoplasma die spezifische Funktion hervorzurufen, deren erbliche Übertragung sie vollziehen. Und schließlich muß man dann sogleich noch einen Schritt weiter gehen und auch diese einfachsten Lebenseinheiten nicht von einer Art, sondern von mannigfaltiger Verschiedenheit annehmen, wiewohl sie selbst nicht mehr aus kleineren Lebenseinheiten zu bestehen brauchen, sondern unmittelbar auf chemischer Struktur beruhen können (nicht müssen). Es eröffnet sich somit hier unterhalb der Grenze mikroskopischer Sichtbarkeit noch eine ganze Hierarchie von hypothetischen Systemordnungen und intersystematischen Beziehungen, von denen es durchaus fraglich ist, ob sie sich der Kontrolle exakter Erforschung jemals erschließen werden. Und so kann man es verstehen, daß die zur Exaktheit tendierende Wissenschaft hypothetische Konsequenzen von dieser Kompliziertheit nicht leichtfertig in den Kauf nimmt und sich in skeptischer Reserve zu ihnen verhält.

Indessen ist es leicht vorauszusehen, daß die Kompliziertheit einer Hypothese in diesem Fall weniger als sonst irgendwo ein Gegenargument gegen sie bilden kann. Es liegt vielmehr auf der Hand, daß die spezifischen Gesetze eines so hochkomplizierten Phänomens, wie die Vererbung der Eigenschaften bei den Vielzelligen, unmöglich die Einfachheit mechanischer Gesetze, wie die des freien Falles, zeigen können, daß sie vielmehr notwendig Gesetze spezifischer Komplizierung, und folglich selbst spezifisch komplizierte Gesetze sein müssen. Und in dieser Hinsicht dürfte die Keimplasmatheorie, gerade sofern sie es mit der ganzen Kompliziertheit des Problems aufnimmt, als der exemplarische Typus einer fruchtbaren wissenschaftlichen Hypothese dastehen, – ganz unabhängig davon, ob sie auch in Einzelheiten das Richtige trifft oder nicht. Denn sie gibt durch folgerichtige Antizipation systematischer Einheitsbegriffe ein methodisch klares Gesamtbild davon, wie überhaupt Phänomene von höchster Komplexheit, die uns nur an ihrer sichtlichen Zweckmäßigkeit für die Erhaltung des Lebens einheitlich zum Bewußtsein kommen, dennoch der Kausalforschung sich erschließen und der durchgängigen Auflösung in spezifische, komplexe Gesetzmäßigkeiten zugänglich werden können. Solche Antizipationen aber müssen wegweisend rückwirken auf die exakte Erforschung der Gesetze selbst, – wie es denn ähnliche Hypothesen auch auf anderen Gebieten zu allen Zeiten getan haben.

Man ist gewohnt, die Summe derjenigen morphogenetischen Prozesse, die von der Keimzelle ausgehen und im fertigen jungen Individuum endigen, als Entwicklung zu bezeichnen. Und in der Tat hat dieser vieldeutige [121] und viel mißbrauchte Terminus, wenn irgendwo, so hier seinen Ort; hier am ehesten wenigstens, insofern die Embryogenese der ursprünglichen Bedeutung des Wortes am nächsten kommt. Man braucht heute den Ausdruck Entwicklung fast unterschiedslos von jedem irgendwie typischen Ablauf zusammenhängender Prozesse, dessen Anfangs- und Endstadium noch eine gewisse Zusammengehörigkeit erkennen läßt. In diesem Sinne ist natürlich jeder Formbildungsprozeß Entwicklung. Aber das ist nicht der ursprüngliche Sinn von Entwicklung, weder der biologische noch der philosophische. Von Hause aus ist in ihr der Nachdruck auf einen ganz anderen Punkt verlegt: sie besagt, was ihr Wortsinn andeutet, die Auswickelung oder »Explizierung« von etwas, was im Anfangsstadium bereits »implizite«, d.h. gleichsam »eingewickelt«, enthalten ist. In dieser Weise nämlich stellte man sich in der Tat im 18. Jahrhundert die Embryogenese vor, und Bonnet, der Hauptvertreter dieser Lehre, sprach direkt von einem Miniaturbilde des Tieres, welches im Ei »vorgebildet« sei und nur nachzuwachsen brauche. Das ist die alte Evolutionslehre, die sich auf »Präformation« stützte; sie mußte natürlich hinfallen, sobald die primitiveren Tatsachen des morphogenetischen Prozesses bekannt wurden. Nachdem durch Pander und K. E. v. Baer erwiesen worden war, daß die frühen Embryonalstadien mit den späten so gut wie gar keine morphologische Ähnlichkeit zeigen, schlug die Theorie plötzlich um, und K. F. Wolff proklamierte die Epigenesis, d.h. die nachträgliche Formbildung durch sukzessive Differenzierung aus einer ursprünglich »einfachen« Keimsubstanz.

Die heutige Embryologie hat mit beiden Extremen gebrochen. Weder die Entwicklung Bonnets noch die Epigenesis Wolffs stimmt zu den Tatsachen. Erstere übersieht die Verschiedenartigkeit der Embryonalstadien, letztere die überaus komplizierte Struktur im Idioplasma der Keimzelle. Dabei erkennt sie in beiden Theorien einen richtigen Kern an. Epigenesis findet wirklich statt im Sinne nachträglicher Entstehung der eigentlichen Formation des Organismus. Diese Anerkennung liegt schon in dem heute üblichen Terminus »Morphogenesis«, d.h. wörtlich »Formentstehung«. Aber auch Evolution findet statt, nur in einem gänzlich neuen Sinn. Das Anlagesystem, das im Idioplasma der Keimzelle enthalten ist, zeigt nicht die geringste morphologische Ähnlichkeit mit der Struktur des fertigen Individuums. Es ist kein »nisus formativus« (Formbildungstrieb), der nach Art der vitalistischen »Lebenskraft« auf unerklärliche Weise eine in sich einfache Substanz zur Differenzierung bringt. Sondern die fortgesetzte qualitätsungleiche Zellteilung beherrscht die sichtbare Formbildung. Die mikroskopisch sichtbare Kernstruktur hat wahrscheinlich mit der eigentlichen Determination gar nichts zu tun, sondern »wohl nur ausführenden Einfluß auf das Gestaltungsvermögen des Kerns« (Roux), d.h. sie zeigt nur den hochkomplizierten Apparat der Ungleichverteilung, während die eigentlichen Determinanten weit unter der Sichtbarkeitsgrenze bleiben. Da diese Determinanten aber nicht unmittelbar die Lagerung [122] und räumliche Anordnung, sondern nur den inneren Bau und die physiologische Leistung der verschiedenen Zellentypen des Organismus bestimmen, so können auch sie nicht so vorgestellt werden, daß etwa in ihnen Teile des späteren Individuums »präformiert«

wären. Diese »Teile« kommen vielmehr auf sekundärem Wege, durch mannigfaltige Anlagerungen und Verschiebungen, sowie durch Mitwirkung rein mechanischer Außenkräfte zustande.

Dennoch bleibt gerade hier der Terminus Entwicklung in seinem Recht. Er findet seinen unverschiebbaren Sinn darin, daß die Keimzelle ein Anlagesystem enthält, und daß der morphogenetische Prozeß bis in alle Feinheiten hinein durch dieses »determiniert« ist. Determination ist eben auch eine Art Präformation, nur nicht im Sinne der Ähnlichkeit der Anlage mit dem Endstadium des Prozesses. Und es hat methodischen Wert, den Entwicklungsbegriff in diesem eng umrissenen Sinn beizubehalten. Denn er ist die genaue Ergänzung zum Begriff der »Reproduktion« des Individuums. Die gesetzmäßige Selbstübertragung des Gattungstypus von Individuum zu Individuum läßt sich eben nur verstehen unter der Voraussetzung eines komplizierten Prozesses der Selbstwiederbildung, dessen Resultat durch sein Ausgangsstadium im Wesentlichen bereits vorausbestimmt ist. Auf jede andere Weise bleibt die durchgehende Formidentität im Wechsel der Individuen ein unlösbares Rätsel.

Noch deutlicher kommt der Entwicklungscharakter der Embryogenese zum Ausdruck, wenn man sie unter dem Begriff der Zweckmäßigkeit ansieht, der ja hier wie überall im Reich des Lebendigen alle Prozesse durchzieht. Driesch, der neuerdings eine genaue Durchführung dieser Art gegeben hat, macht das besonders deutlich. Nach ihm hat jedes Entwicklungsstadium jedes

einzelnen Teiles, z.B. jede Furchungszelle (Blastomere),
eine bestimmte vorausschauende, »prospektive Bedeutung« für den weiteren Verlauf des Prozesses. Diese
setzt sich aus zwei Faktoren zusammen, deren einer in
den außerhalb der einzelnen Zelle liegenden Bedingungen besteht und somit eine »Funktion ihrer Lage im
Ganzen« ist. Den anderen Faktor dagegen, in dem die bei
weitem schwierigeren Bedingungen liegen, nennt
Driesch ihre »prospektive Potenz«, d.h. die Summe der
morphogenetischen Möglichkeiten, die in ihm für die
späteren Embryonalstadien enthalten sind. Dieser Möglichkeiten sind nämlich mehr, als im betreffenden Individuum zur Entwicklung kommen, d.h. es kann aus der
gleichen Anlage auch anderes entstehen als das normale Gebilde; und es entsteht wirklich anderes, sobald
man jenen ersten Faktor, die Funktion der Lage im Ganzen, abändert, – wie mannigfache, in verschiedenen
Tierklassen angestellte Versuche beweisen. Es liegt also
in jedem Fall eine Vielheit von Möglichkeiten vor, von
denen aber allemal nur eine zur Verwirklichung
kommt. Diese »eine« braucht aber nicht notwendig die
normale zu sein. Wenn man die Hälfte der Furchungszelle im Ei entfernt, und dennoch aus den übriggeblie-
nen ein »ganzer« Embryo entsteht, so haben offenbar
die letzteren die Funktion [123] der entfernten Zellen
mit geleistet. Solche Restitution entfernter Embryonalteile hat den Sinn einer morphologischen Regulation. –
Was nun hierin besonders scharf zum Ausdruck kommt,
ist die straffe Bezogenheit der früheren Stadien des Prozesses auf die späteren, der bedingende Charakter der

ersteren für die Verwirklichung der letzteren. Dieses Bedingungsverhältnis wird auch nicht verschoben durch Abänderung der mitwirkenden äußeren Momente; denn irgendeine Potenz wird immer verwirklicht – vorausgesetzt, daß der Werdeprozeß nicht gewaltsam unterbrochen wird. Alle Entwicklungsstadien aber besitzen in diesem Sinne »prospektive Potenz«. Darin liegt der wissenschaftlich genaue Begriff der Entwicklung.

Mit diesem Entwicklungsbegriff hängt nun aber zugleich ein anderer weittragender biologischer Grundbegriff zusammen, der sich an dieser Stelle nicht umgehen läßt, weil er das Bisherige unmittelbar in einen weiteren Zusammenhang eingliedert. Der Prozeß der Embryogenese ging aus von einem Gebilde niederer Ordnung, der Keimzelle (wie immer kompliziert diese auch sein mag) und endigt im Gebilde höherer Ordnung, dem vielzelligen Individuum. Er bedeutet also in jedem Falle die Produktion neuer Mannigfaltigkeit und hat somit, vom Standpunkt der Organisationshöhe aus gemessen, eine »aufsteigende Richtung«, oder mit einem Wort, Aszendenz. Damit stehen wir offensichtlich wiederum vor einer intersystematischen Beziehung, und zwar auf den ersten Blick nur einer einseitigen; denn der Formbildungsprozeß als solcher zeigt nur die Leistung des niederen Systems für das höhere: es ist in diesem Falle dessen »Anlagesystem«. Bei näherem Zusehen ist aber auch hier die Beziehung wechselseitig. Denn das elterliche Individuum ist es ja letzterdings, das durch seine Strukturcharaktere die des Keimplasma bestimmt; darin haben wir die Rückwirkung des höheren Systems auf das niedere.

Nun ist aber Aszendenz keineswegs ein Spezifikum der individuellen Morphogenese, wenngleich sie sich kaum irgendwo sonst so sichtbar verfolgen läßt wie hier. Wir sahen bereits, daß Stoffwechsel und Fortpflanzung Prozesse von wesentlich analogem Charakter sind. Assimilation ist eben auch eine Art der Formbildung und dazu auch Reproduktion der gleichen Formation, wenn auch auf niederer Systemstufe. So ist denn jetzt im Rückblick leicht zu finden, daß sie in genau demselben Sinne wie die Fortpflanzung Aszendenz ist. Denn auch die Assimilation ist eine intersystematische Aufwärtsbildung des höheren Gebildes aus der Richtung des niederen her. Und hier ist besonders deutlich zu sehen, wie die Leistung des höheren Gebildes für das niedere sich durchdringt mit der des niederen für das höhere. Die Aktivität des Isoplasson war ja der Beweger des fortlaufenden Wiederbildungsprozesses.

Zugleich aber stehen wir mit dem Begriff der Aszendenz vor einer ganzen Reihe neuer und größerer Probleme. Denn die aufsteigende Richtung ist offenbar ein allgemeiner Charakterzug aller irgendwie »formbildenden« [124] Prozesse. Sie liegt sogar ohne weiteres im Begriffe der Formbildung bereits enthalten. Alle biologische »Form« ist Einheit spezifisch differenzierter Mannigfaltigkeit. Ihre »Bildung« muß somit notwendig Produktion sowohl der Mannigfaltigkeit wie der Einheit sein. Die Höherbildung aber besteht ja gerade in gleichmäßig zunehmender Differenzierung und Vereinheitlichung. Morphogenese ist also notwendig Aszendenz. Nun sind aber die wichtigsten Grundprobleme der Biologie alle im wesentlichen Probleme der Morphogenese. Die verschiedenen Stufen der letzteren (von denen uns bisher nur Assimilation und Individualreproduktion begegnet sind) durchziehen und beherrschen alle Lebenserscheinungen. Wenn demnach Aszendenz und Morphogenese innerlich zusammenhängen, so ist die Konsequenz gegeben, daß auch die Aszendenz sich als durchgehender Grundbegriff aller Stufen und Ordnungen der Lebenserscheinungen erweisen wird. Sie hätte daher schon bei der Assimilation eingeführt und mit Form und Prozeß in eine Linie gestellt werden können, zumal gerade sie es ist, die Form und Prozeß erst zu einem Begriff vereinigt: dem Formbildungsprozeß. Sie gehört ihrem Begriff nach aber weder ausschließlich in das Problem des Stoffwechsels noch in das der Fortpflanzung hinein; sie am letzteren einzuführen, war nur deswegen geboten, weil sie in der Embryogenese ihr handgreiflichstes, beobachtbares Beispiel hat. –

Wir haben im bisherigen das dynamische Grundverhältnis von Individuum und Gattung betrachtet, wie es im Wechsel der ersteren und der Stabilität der letzteren seinen sinnfälligen Ausdruck findet, und demnach im letzten Grunde eine funktionale Überordnung der Gattung über das Individuum bedeutet, insofern die Reproduktion des identischen Formtypus nur auf der Basis eines überindividuellen Gattungsprozesses, der Selbsterhaltung des Keimidioplasma, möglich wird. Hierin müssen natürlich die Grundbestimmungen beider Begriffe liegen; und zum Teil haben wir sie schon herausschälen können. Aber definitorisch klar geworden sind sie deswegen noch nicht.

Hier ist nun gleich eine methodologische Einschränkung zu machen. Für die Biologie als Wissenschaft sind Individuum und Gattung durchaus nicht gleichwertige Fundamentalbegriffe. So sehr sie aufs strengste korrelativ sind und nirgends voneinander abgetrennt werden können, so liegt doch für die Forschung das Schwergewicht immer auf der Gattung. Biologie ist, wie alle Naturwissenschaft, im Grunde Gesetzeswissenschaft; das wird dadurch nicht beeinträchtigt, daß sie gerade in der Gesetzesforschung noch weit im Felde ist und sich auf vielen Gebieten noch ausschließlich im Deskriptiven bewegt. Denn selbst in der Deskription sucht sie das Individuum niemals um seiner selbst willen auf, sondern um des Allgemeinen willen. Auf dieses kommt es ihr überall an. Das unmittelbare Objekt der Beobachtung, der Einzelfall, ist ihr immer nur Repräsentant des »allgemeinen Falles«, auf dessen genaue Herausschälung alle ihre induktive Methodik geht. Er braucht, wo er sich genügend aus [125] der Menge der Koeffizienten heraus isolieren läßt, gar nicht erst verallgemeinert zu werden. Der individuell beobachtete Prozeß gilt unmittelbar als der gattungsmäßige Prozeß. In diesem aber liegt der ganze Seinswert des erforschten Phänomens. Das Individuelle dagegen hat hier nur insofern methodischen Wert, als es den sich darbietenden Ausgangspunkt der Beobachtung bezeichnet. Wir kennen eben die gesuchten Gattungsprozesse nicht anders als in der Form von

Erscheinungen an einzelnen Individuen oder höchstens Beziehungen von Individuen untereinander. Diese müssen daher notgedrungen zum Mittel der Forschung werden gegenüber dem Gattungsmäßigen als dem eigentlichen Zweck. Methodologisch genommen ist also das Individuum hier keineswegs eigenwertig und darf daher nicht verwechselt werden mit der eigentlichen »Individualität«, wie sie uns als Eigenwert und Selbstzweck in den Geisteswissenschaften, und also in erster Linie in der Ethik, entgegentritt.

Eine solche methodologische Unterordnung bedeutet nun aber keineswegs auch eine sachlich-inhaltliche, seinslogische. Das Grundverhältnis bleibt von der Methode unberührt. Die Gattung besteht nirgends anders als in den Individuen, wiewohl sie sich in ihnen nie erschöpft; und das Individuum seinerseits erscheint immer nur im Rahmen der Gattung, so sehr es wahr bleibt, daß es in seinem Sonderdasein durch den Gattungscharakter nicht zur Bestimmung kommt.

Dennoch wird auch die konstitutive Kategorienbedeutung beider Begriffe keineswegs in ihrer einfachen Korrelation erschöpft. Beide zerlegen sich bei tieferem Eindringen in eine ganze Reihe von Abstufungen – und zwar in verschiedener Richtung. Die eigentümlichen Ordnungen des Individuums entsprechen den Ordnungen der Gattung nicht, wiewohl die letzteren sich auch mit auf das Individuum übertragen. Sie liegen von Hause aus gleichsam in einer anderen Dimension.

Am Gattungsbegriff ist die Verteilung in höhere und niedere ineinandersteckende Ordnungen, also die sogenannte Klassifikation, ein allgemein bekannter logischer Grundzug. Der »Gattung« im engeren Sinne ist die »Art« untergeordnet, sie »zerfällt« in Arten, diese wiederum in Unterarten, oder »Abarten« usf. Ebenso aber in umgekehrter Richtung ist die »Gattung« selbst nur ein Spezialfall der »Ordnung«, diese wiederum der »Klasse« usf. Dabei enthält jede niedere Stufe die sämtlichen Charakteristika der höheren Stufen in sich, zu denen hinzu sie nur noch ein spezifisches Merkmal oder einen Komplex von ihnen (die differentia specifica) hinzufügt. Die Klassifikation der Lebewesen entspricht also aufs genaueste dem Kapitel der formalen Logik vom »Umfang« und »Inhalt« des Begriffs, dessen wesentlicher Sinn sich in den Grundsatz zusammenfassen läßt: je größer der Reichtum von Merkmalen in einem Begriff, um so enger sein Geltungsbereich. Aber die Systematik, die in solcher Klassifikation steckt, ist deswegen doch keineswegs selbst etwas bloß Formales, keineswegs etwas Sekundäres, etwa dem Lebensproblem Äußerliches. Sie ist vielmehr die innere, natürliche Disposition der [126] Lebensformen, wie sie denn seit dem Aufkommen der Deszendenztheorie eine unlösbare Problemeinheit mit der Abstammungsfrage ausmacht. Andererseits ist sie keineswegs etwas der Biologie allein Eigentümliches. Jede Wissenschaft, die es mit einer Mannigfaltigkeit komplizierter Phänomene zu tun hat, zeigt notwendig die gleiche logische Begriffsstruktur. Nur tritt auf keinem anderen Gebiet das Klassifikatorische als solches so sichtlich in den Vordergrund wie hier, weil nirgends so durchgehend wie hier die Form-

unterschiede und -einheiten den gebotenen Ausgangspunkt aller besonderen Untersuchung abgeben. Die
Form nämlich ist es allemal, der wir die begrifflichen
Merkmale ablernen. So ist es denn auch nicht historisch
zufällig, daß der philosophische Entdecker des allge-
meinlogischen Klassifikationsprinzips, Aristoteles, zugleich der erste bedeutende Systematiker der Biologie
ist.

Anders steht es mit den Ordnungen des Individuums.
Freilich wenden sich auch die Gattungsordnungen ohne
weiteres auf das Individuum an; besteht doch jede Gattung aus Individuen, deren jedes ihren Typus repräsentiert. Aber damit sind die eigentümlichen Abwandlungen des Individualbegriffs nicht erschöpft, vielmehr
noch gar nicht berührt.

Jedes vielzellige Lebewesen ist eine Lebenseinheit,
und eben deswegen verdient es seinen Namen »Individuum«, das »Unteilbare«; d.h. man kann seine Teile
nicht willkürlich auseinanderbringen, ohne seine Eigentümlichkeit als Lebewesen zu zerstören. Aber dennoch besteht es aus Teilen (Organen), deren Zusammenwirken erst seine Lebendigkeit ausmacht. Seit der Entdeckung der Zelle nun weiß man aber, daß diese Teile
aus kleineren Einheiten zusammengesetzt sind, deren
jede wiederum einen charakteristischen organischen
Bau zeigt, und somit selbst eine Lebenseinheit, oder ein
Individuum ist. Freilich läßt sich dieses Individuum niederer Ordnung nicht ohne weiteres isolieren, es ist mit
seinen Lebensbedingungen an das Aggregat gleichwer-
tiger Zellindividuen gebunden, mit welchen es im

Verhältnis der »funktionalen Arbeitsteilung« steht: seine Lebensfunktion ist selbsterhaltend nicht für es selbst, sondern auch zugleich für die anderen, anders funktionierenden Zellen, während die der letzteren ihrerseits zugleich lebenerhaltend für das erstere ist. Aber ist es um dieser Abhängigkeit willen etwa weniger Individuum? Der ganze vielzellige Organismus läßt sich vielmehr als eine der Lebenserhaltung dienliche Anhäufung, als ein symbiotisches Aggregat dieser niederen Lebenseinheiten auffassen. Zudem kennen wir in den einzelligen Organismen genugsam Individuen der gleichen Ordnung, die frei leben. Diese zeigen mit den Zellen der Metazoen keineswegs bloß teilweise Analogie, sondern volle Identität des Grundtypus an Form und Funktion. Man kann diesen so wenig wie jenen die Kategorie des Individuums absprechen.

Dann aber bekommen wir ein eigenartiges Verhältnis zwischen diesen beiden Ordnungen des Individuums, der Zelle und dem vielzelligen Organismus: sie stecken ineinander –, und zwar nicht im Sinne eines [127] bloß passiven Umschließens und Umschlossenseins, nicht abstrakt begrifflich wie die Ordnungen der Gattung, sondern konkret, mit ihrem ganzen Systemcharakter, sowohl der Form wie der Funktion nach: das höhere System enthält das niedere räumlich in sich als seinen »Teil«, als Glied und gleichsam als Baustein seiner Struktur; zugleich aber enthält sein Lebensprozeß den Lebensprozeß des niederen Systems als seine »Teilfunktion«. Die beiden benachbarten Ordnungen des lebendigen Systems, Zelle und vielzelliger Organismus, bilden daher, sofern sie in gegenseitiger formaler und funktionaler Abhängigkeit stehen, eine intersystematische Wechselbeziehung.

Diese Relativierung des Begriffs »Individuum« geht aber noch weiter. Wir sahen schon bei Gelegenheit der Keimplasmatheorie, daß auch die Zelle aus noch kleineren Einheiten bestehen muß, ja daß es sich hier wahrscheinlich nicht bloß um eine, sondern um mehrere Ordnungen lebender Einheiten handelt, von deren näherem Wesen sich noch wenig sagen läßt. Diese hypothetischen Gebilde haben aber einige Realität bekommen seit der Entdeckung der »wabigen Struktur« des Protoplasma durch Bütschli. Hierdurch ist es nahezu gewiß geworden, daß alles Plasma ein Aggregat niederer Einheiten ist, die sich zur Zelle verhalten, wie diese zum vielzelligen Organismus, und von denen es zugleich möglich und theoretisch wahrscheinlich ist, daß sie auch als freilebende Gattungen vorkommen. Aus diesen müssen sich die niederen Zellarten erst aggregiert und durch Arbeitsteilung differenziert haben. Wir stehen also hier vor einer ferneren Ordnung des Individuums, d.h. vor mindestens einer. Denn es ist keineswegs zu erweisen, daß dieses bereits die »letzte«, oder vielmehr primärste Ordnung des lebendigen Individuums ist. Jedenfalls wissen wir nichts darüber, ob seine fernere Zusammensetzung eine bloß physikalisch-chemische ist, oder ob sie noch weitere »biologische« Unterteilung enthält.

Für den Begriff des Individuums ist es auch keinesfalls ausschlaggebend, ob schon die nächstniedere Systemeinheit nach der Zelle das »erste Individuum« ist, oder ob die Reihe noch weiter abwärts führt. Wesentlich ist dagegen nur, daß diese Reihe innerhalb des Biologischen nicht unendlich sein kann, wie die der Systemordnungen der Natur überhaupt, sondern daß ein absolut »erstes« lebendiges Einheitsgebilde hypothetisch angesetzt werden muß. Ist doch die Reihe auch nach oben zu durchaus begrenzt, wie wir denn oberhalb des vielzelligen Organismus keine Ordnung des Individuums mehr kennen. Manche erblicken freilich eine solche noch in dem sog. Tierstock oder Cormus, der aber nur in wenigen Gattungen, z.B. Polypen, vorkommt; auch ändert das an der Endlichkeit der Reihe nichts, denn dann hat diese eben mit dem Cormus ihre obere Grenze erreicht. Oberhalb des vielzelligen Organismus fällt vielmehr die nächsthöhere Einheit mit der Gattung zusammen. Diese bildet aber gerade den logischen Gegensatz zum Individuum als solchem.

[128] So ist denn der Begriff einer unteren Grenze gleichfalls systematisch geboten; und mit der Formulierung dieses Grenzbegriffs hat sich denn die systematische Biologie auch gelegentlich beschäftigt. So hat de Vries (bzw. Darwin) in den Pangenen, Wiesner in den Plasomen und Weißmann in seinen Biophoren derartige »erste Lebenseinheiten« sehen wollen. Die genaue Wortbedeutung solcher Benennungen (Allerzeuger, Urgebilde, Lebensträger) sagt wenig über die theoretische Verwertung dieser Begriffe. Man ersieht vielmehr aus ihnen, daß der eine für die Theorie allerwesentlichste Zug in ihnen – nämlich, daß sie einen »Grenzbegriff«

der Lebendigkeit gegenüber dem anorganischen, chemischen Gebilde markieren sollen – dabei nicht klar zutage tritt. Deutlicher kommt die logische Natur des Grenzbegriffs bei Roux dadurch zum Ausdruck, daß er dem ersten »wirklichen Lebewesen niederster Stufe« eine Systemeinheit gegenüberstellt, die zwar noch eine Stufe niedriger steht, dafür aber auch noch ausdrücklich außerhalb, oder richtiger, unterhalb der Sphäre des Lebendigen steht, – das »Vorlebewesen«, oder den »Probionten«. Zwischen diesem und dem »ersten Lebewesen«, das wir im Gegensatz zu ihm »Protobiont« nennen können, muß also die Grenze der Lebendigkeit liegen. Es ist die Grenze zwischen dem organischen und dem anorganischen System.

Blickt man nun unter Festhaltung dieser Grenze auf die ganze Reihe der Systemordnungen in der Natur, soweit wir sie überschauen können, so stellen sich die durchgehenden intersystematischen Beziehungen im großen Stil her. Aus Atomen setzt sich das Molekül, aus Molekülen (wahrscheinlich komplexester Art) der Probiont zusammen, dem Roux bereits Assimilation und Regulation zuschreibt. Der nächste Schritt aufwärts ergibt schon das erste Individuum, den Protobionten, der zugleich Automerizon sein muß, weil das Individuum nur in der Gattung sein Dasein hat, die Gattung aber die Reproduktion der Individuen voraussetzt. Von diesem führt dann die nächste Stufe, bzw. eine ganze Reihe von Stufen, zur Zelle; und von dieser aus findet die höchste, uns allein bekannte und verfolgbare Synthese zum vielzelligen Individuum statt. Dabei enthält jede höhere Ordnung des Individuums die niederen Systeme in sich, sowohl die lebendigen als die vorlebendigen; und jedesmal von Stufe zu Stufe sind die Außenkräfte des niederen Systems zugleich die Innenkräfte des höheren; sie sind die integrierenden Momente der aufsteigend immer komplexer werdenden Lebensfunktion. Die höchste Stufe ist somit ein hochkompliziertes Zusammenwirken von Teilfunktionen der verschiedenen Systemordnungen, die alle ihr wesentlich und nicht aus ihr heraus isolierbar sind. Daher die unübersehbare Mannigfaltigkeit von Teilproblemen, die sich an jedem beobachtbaren Lebensphänomen auftut, sobald man in seine Tiefe hineinblickt. Denn die beobachtbaren Lebensphänomene sind alle zu den obersten zwei Stufen des lebendigen Systems gehörig. Diese aber haben ihre Teilprobleme in den niederen Ordnungen des Systems, aus denen sie bestehen [129] und aus deren Kräften ihre spezifischen Lebensfunktionen sich zusammensetzen.

Von hier aus übersieht man auch erst recht, wie sehr die funktionalen Grundverhältnisse, in denen die Lebendigkeit besteht, durchweg intersystematischer Natur sind, und zwar nicht einfach zwischen zwei Ordnungen des Systems, sondern immer gleich zwischen vielen, also komplex intersystematische Beziehungen. Und da nun diese durchgehende Beziehung der Systemordnungen untereinander keineswegs eine bloß statische – etwa bloß eine solche der Formen –, sondern im Grunde eine durchaus dynamische, d.h. eine Beziehung von Prozessen und Funktionen ist, so muß ihr wie allem Prozeßartigen eine Grundrichtung eigentümlich sein. Eine solche finden wir aufs deutlichste gekennzeichnet als die vom niederen System zum höheren hinaufführende: die Grundrichtung aller komplex intersystematischen Beziehung ist Aszendenz. Allemal nämlich hat das niedere System die Bedeutung des Bedingenden und Erbauenden für das höhere; nicht aber umgekehrt trägt das höhere System immer etwas dazu bei, das niedere zu bedingen und zu erbauen. Dagegen ist hiermit keineswegs gesagt, daß das höhere System keine anderen Bedingungen voraussetzte, als die Funktionen des niederen. Im Gegenteil, aus diesen als solchen kann sich noch keine höhere Systemstufe bilden; es würde gerade die Hauptsache fehlen, die Einheitsbeziehung unter ihnen. Es ist daher wichtig für alle komplex intersystematische Beziehung der Lebensfunktionen, daß das höhere System außer diesen Teilbedingungen immer noch eine andere wesentliche, nur ihm als solchem eigentümliche Bedingung voraussetzt, nämlich das für seine Systemordnung spezifische Gesetz der Komplizierung, oder der eigentümlichen, neuen Synthese niederer Bedingungen.

So geht denn die »Eigengesetzlichkeit« des Lebens durch diese intersystematische Bedingtheit keineswegs verloren. Im Gegenteil, gerade die Aszendenz der funktionalen Synthese zeigt das Unzureichende der einzelnen Bedingungen. Das lehrte die Analyse des morphogenetischen Prozesses: auf jeder Stufe ist es ein spezifisches kompositives Moment, das ihn erst in Gang bringt. Die Assimilation kann nur vom Isoplasson, die Individualreproduktion nur von dem hochorganisierten

»Idion« des Keimplasma ausgehen. Das sind die beiden einzigen Typen der fortwirkenden Aszendenz, die wir annähernd beobachten können. So liegt denn wohl der Schluß unabweisbar nah, daß auch ihre anderen, uns verborgenen und nur indirekt erschließbaren Stufen ebenso bedingt durch die höhere Ordnung des Systems sein müssen. –

Wenn nun der Aszendenzprozeß in jeder seiner spezifischen Wirkungsweisen sein Resultat in der nächsthöheren Systemordnung hat, so liegt die Konsequenz auf der Hand, daß er vom Individualprozeß schließlich zum Gattungsprozeß sich erheben muß. Denn oberhalb des freilebenden Individuums (einerlei welcher Systemstufe) ist die nächsthöhere Ordnung immer nur seine Gattung. Daher stehen wir allemal, wenn es sich um [130] die Korrelation von Individuum und Gattung handelt, vor einem Endgliede und Höhepunkt der Aszendenz. Der Prozeß des individuellen Lebens mündet hier ein in den Gattungsprozeß, welcher seinerseits nichts anderes ist als die komplexe resultierende Funktion des in ihm auftauchenden und verschwindenden individuellen Lebens. Die spezifische Wirkungsweise ist hier die Individualreproduktion, und ihre Leistung die Stabilität des Gattungsgleichgewichts, wie sie quantitativ durch die intergenerelle Korrelation der Arten, qualitativ durch die regulative Funktion der Amphimixis bedingt ist. Das Reproduktionsgesetz formulierte die intersystematische Abhängigkeit dieser Stabilität von der Selbstwiederbildung der Individuen.

Indem nun so das Wechselverhältnis von Individuum und Gattung nach seinen verschiedenen Richtungen klar wird, ergibt sich für die philosophische Grundlegung eine eminent systematische Konsequenz, in welcher die logische Bedeutung der fundamentalen Lebensfunktionen als Grundlegungen oder »Kategorien des Lebens« erst zum Vorschein kommt.

Die Stabilität des Gleichgewichts, in der das Leben der Gattung besteht, stellte sich uns dar als Erhaltung. Nun ist aber Erhaltung ein keineswegs bloß biologischer Begriff. Er hat seinen ursprünglichen Ort vielmehr in der mathematischen Naturwissenschaft, wo er als Erhaltung der Energie die Rolle eines Axioms der Bewegung spielt. Die philosophische Kategorie, welche hinter dieser Erhaltung steckte, war die Substanz. Der moderne Gedanke hierin, im Unterschied zu anderen unkritischen Auffassungen, bestand aber darin, daß das sich Erhaltende nicht ein Substrat der Bewegung oder der Energie bedeutete, sondern in dieser selbst lag. Nur in dieser Form konnten Erhaltung und Veränderung zusammen bestehen; das Erhaltungsprinzip schließt dann das Transformationsprinzip nicht aus, sondern ein. Substanz fordert gerade notwendig die gesetzmäßige Veränderung, wie sie die Kausalität in Gestalt des fortlaufenden Nexus von Ursache und Wirkung, d.h. als »Kausalreihe«, bildete. Die Erhaltung liegt also hier lediglich in der einen, identisch fortbestehenden Grundbedingung der Einheit und Beharrung der Energie, während die komplexeren Gebilde, welche im Transformationsprozeß entstehen, sich nicht erhalten. Freilich kehren sie in typisch gesetzmäßiger Weise wieder, aber nicht in wesentlicher Formidentität und nicht auf Grund einer von ihnen ausgehenden Selbstwiederbildung, sondern bloß weil die Grundbedingungen ihrer Entstehung relativ konstant sind, und daher wiederholt die gleichen komplexen Formationen und Prozesse hervortreten müssen. So können Planetensysteme im Weltraume an ungezählten Stellen entstehen. Aber weder werden sie einander in den Einzelheiten gleichen (etwa in Zahl, Größe und Umlaufszeit der Planeten), noch entstehen sie irgendwie »aus« einander oder »durch« einander. Ihre Gleichheit erstreckt sich vielmehr nur auf einige sehr allgemeine Momente (elliptische Bahnen, [131] Achsendrehung u.a.), und ihre Entstehung ist gänzlich unabhängig von dem Vorhandensein anderer, gleichartiger Systeme. Sie ist vielmehr nur dadurch verursacht, daß an vielen Punkten des Weltraumes und zu allen möglichen Zeiten die gleichen kosmischen Bedingungen vorhanden sind.

Dieses Verhältnis ist es, das sich im Biologischen umkehrt. Auch für die Lebenserscheinungen freilich besteht das Gesetz der durchgehenden Energieerhaltung fort, aber es bildet hier nur eine entfernte Vorbedingung, gleichsam die niederste, einförmige Konstante aller besonderen Prozesse, deren jeder noch ganz anderer Bedingungen bedarf. Diese anderen Bedingungen aber sind von sehr relativer Konstanz; sie wechseln vielmehr von Augenblick zu Augenblick. Die Bedingungen, unter denen ein vielzelliger Organismus von bestimmter Art sich bilden kann, finden sich nicht so leicht »von selbst«

zusammen. Sie haben immer schon anderes Leben zur Voraussetzung, welches aber seinerseits wiederum ähnlich verwickelte Bedingungen voraussetzt. Wie also ist es möglich, daß gerade in den höchsten und kompliziertesten Gebilden, den Lebewesen – die also doch eo ipso auch am meisten abhängig und Schwankungen unterworfen sein müssen – sich nichtsdestoweniger eine Konstanz eigentümlicher Art herausbildet, eine Erhaltung der besonderen Form, für die keineswegs die Beharrung einzelner allgemeinphysikalischer Teilbedingungen ausreicht? Diese Frage führt sichtlich zu einem anderen Erhaltungsbegriff als dem der mathematischen Naturwissenschaft. Die Kategorie der Substanz kehrt wieder, aber in neuer, komplizierterer Gestalt – entsprechend dem neuen, komplexeren Problem.

Freilich liegt die Erhaltung auch hier keineswegs im Gebilde als solchem, etwa in der morphologischen Einzelerscheinung, – genau so wenig als sie für die Mechanik in der Masse liegen kann. Sie liegt auch hier gewissermaßen in einer Energie, d.h. im Lebensprozeß. Weil dieser sich typisch erhält im Gleichgewicht seiner Teilprozesse, so erhält sich als Folgeerscheinung auch die typische Lebensform. Insofern bekommen wir auf biologischem Gebiet wirklich etwas wie ein Analogon zum allgemeinen Energiegesetz. Der Unterschied dagegen, der freilich ebenso fundamental ist, liegt in etwas anderem, nämlich in der Komplexheit des Prozesses. Die physikalische Energieerhaltung steht nur dafür ein, daß Bewegung überhaupt sich erhält, und daß somit der Naturprozeß überhaupt, wie eng oder wie weit man ihn fassen mag, nicht stillstehen kann; keineswegs aber bezieht sie sich auf die Erhaltung eines spezifischen Ablaufes bestimmter Prozesse. Alle Bewegungssysteme, niederster wie höchster Art, vom Atom bis zum Planetensystem, haben nur relative Konstanz, und wo sie sich auflösen, da tragen sie das Prinzip ihrer Selbstwiederbildung nicht in sich. Es kann sich unter gleichen Bedingungen wohl ein gleiches System zum zweiten Mal bilden, und unter Umständen unendlich viele Male. Aber in dieser Wiederbildung [132] ist keine Kontinuität des Gebildes und deswegen keine innere Garantie für die Erhaltung der spezifischen Form. Es ist eben keine Selbstwiederbildung, sondern eine Wiederkehr bloß auf Grund des ewigen Urprozesses, wie ihn schon die Alten kannten. Das Lebendige dagegen enthält sein Erhaltungsprinzip in sich selbst, in einer durch es selbst regulierten Ordnungsfolge eines komplizierten, periodischen Ablaufes von Prozessen, deren Gesamtresultante immer wieder die gleiche Form ergibt. Die Erhaltung bezieht sich eben hier nicht nur auf den Energieumsatz, sondern auf die spezifische Komplizierung mannigfaltig differenzierter Energiemomente; sie ist Erhaltung der besonderen intersystematischen Gesetzesbeziehungen, oder kürzer gesagt: »spezifische Erhaltung«. Sie ist daher nicht quantitative Erhaltung wie die mechanische, sondern qualitative; nicht Erhaltung der Energie bloß, sondern Erhaltung der spezifischen Energie. Diese »spezifische Erhaltung« ist es, was im Unterschied von aller einfachen Erhaltung in der Biologie als Selbsterhaltung bezeichnet wird.

In ihr hat der Lebensprozeß ein Charakteristikum, das von keiner anderen Energieform gilt. Bewegung und Licht, Elektrizität und Wärme gehen restlos ineinander über und entstehen wieder auseinander. Von ihnen gilt der Satz Heraklits vom ewigen Entstehen und Vergehen. Nur die höchste und komplizierteste aller uns bekannten Energieformen, von der man meinen sollte, daß sie die flüchtigste und ephemerste aller Naturerscheinungen sei, besitzt eine Konstanz höherer Art – in der Selbstwiederbildung ihrer Gebilde. Die Vergänglichkeit, die hier aufs höchste gestiegen ist und im Tod des Individuums ihre periodischen Opfer verlangt, wird wiederum aufgewogen und überboten durch die entgegenwirkende Funktion der spezifischen Erhaltung durch Selbstreproduktion.

Damit hat die Kategorie der Substanz in der Biologie ihre eigentümliche Wendung und Anwendung erhalten. Während sie in der anorganischen Natur nur die allgemeine Grundlage aller systematischen und intersystematischen Beziehungen, die sich über ihr erheben, abgibt, so ist sie hier das höchste und äußerste Resultat unzähliger intersystematisch aufsteigender und sich komplizierender Wirkungsweisen. Sie liegt hier, um es noch prinzipieller zu sagen, der Kausalität und Wechselwirkung nicht bloß zugrunde, sondern hat sie auch gleichzeitig wiederum zu Voraussetzungen, basiert auf ihnen. Hier sieht man mit voller Deutlichkeit, was an der Mechanik allenfalls noch strittig bleiben könnte, wie wenig ihr alter Terminus »Substanz«, »Subsistenz« zureicht, und wie wesentlich es ist, ihren eigentlichen Sinn

in den viel weittragenderen Begriff der Erhaltung zu verlegen.

In dieser qualitativen Erhaltung oder »Selbsterhaltung« haben wir zugleich den zentralen Punkt, in welchem das Lebensproblem seine Eigentümlichkeit gegenüber anderen Naturproblemen bewahrt. In den letzteren gibt es Erhaltung nur auf Grund der Konstanz niederer Bedingungen; [133] z.B. die Fallbewegung der
Körper erhält und wiederholt sich notwendig, solange
die Attraktion der Erde fortwirkt. Ein organisierter
Formtypus aber erhält sich nur, sofern er selbst sich reproduziert; die Wiederholung des gleichen Gebildes
muß hier notwendig vom fertigen Gebilde selbst ausgehen, sie muß also zu den eigentümlichen Funktionen
des Gebildes gehören. Keine der niederen Bedingungen,
Kräfte, Energien, kein niederes Kraftsystem kann das
höhere System reproduzieren. Denn zu dieser Reproduktion gehört eben die Übertragung (Erblichkeit) einer
unübersehbaren Mannigfaltigkeit besonderer Artcharaktere, die alle nur in der höheren Systemordnung
selbst liegen, folglich auch nur von ihr weitergegeben
werden können. Die »spezifische« oder »qualitative« Erhaltung der Lebewesen ist daher eine rein biologische,
d.h. nur den Lebewesen eigentümliche Kategorie. In ihr
liegt deutlich das Überwiegen der höheren Systemordnung über die niederen, derjenige Charakter der ge-
schlossenen Lebenseinheit, der nicht außer ihr in irgendwelchen Naturkräften, sondern ungeteilt in ihr als
solcher, in dem spezifischen Gesetz ihrer funktionalen
Organisation liegt, und den man daher mit Recht als

»Eigengesetzlichkeit« des Lebens bezeichnen kann. Damit ist dem Vitalismus seine relative Berechtigung eingeräumt. Denn wenn es sich in der heutigen Wissenschaft auch nicht um eine »Lebenskraft« im alten Sinne handeln kann, die dann zugleich Vernunft und Wille heraufbeschwört, so muß es doch der Forschung unbenommen bleiben, die spezifische, hochkomplexe Energieform der Lebenserscheinungen als den eigentlichen Zentralpunkt des Lebensproblems anzusehen und auf diesen hin das Eindringen der Ursachenforschung zu dirigieren. Selbst die heute noch geringen Anfänge der Entwicklungsmechanik zeigen, wie sehr dabei immer mehr das ganze Schwergewicht nicht auf einzelnen Teilursachen, sondern auf den Gesetzen ihrer spezifischen Komplizierung ruht. Diese aber sind gerade die Eigengesetzlichkeit des Lebens.

Indem nun dem Erhaltungsbegriff, und mit ihm dem Substanzprinzip, seine ganz besondere Stelle innerhalb der Lebenserscheinungen angewiesen ist, wird es leicht, alle falsche Substanzialisierung der Lebensformen aus den Angeln zu heben. Es läßt sich zwar von hier aus sehr gut verstehen, wie Aristoteles darauf kommen mußte, die Gattungen, oder vielmehr die »Arten« der Lebewesen (εἴδη) für »Substanzen«, d.h. für etwas an sich Einfaches und deshalb Unvergängliches, zu erklären. Sie sind ja das Konstante, Unveränderliche, während die Individuen kommen und verschwinden. Solch eine Lehre mußte alle Beweiskraft auf ihrer Seite haben, solange man die logische und naturwissenschaftliche Priorität des Prozesses vor der Form nicht kannte und folglich auch nicht nach dem komplexen Prozeß als nach dem Träger der Lebenserhaltung forschen konnte. Andererseits konnte sie auch nur solange die Gemüter befriedigen, als man hinter der zweckmäßigen Einrichtung des Organismus ein zwecktätiges Prinzip vermutete [134]. Eine Gefahr für die Wissenschaft im Sinne der Erschleichung von Prinzipien liegt nur dann vor, wenn man die Substanz in den Zweck hinein verlegt und alle Problemschwierigkeiten auf diesen abschiebt. Eine solche willkürliche Identifizierung entspricht aber weder dem modern-philosophischen Erhaltungsprinzip, noch dem streng gefaßten biologischen Begriff der Zweckmäßigkeit. Das Erhaltungsprinzip nun ist im Vorhergehenden klar geworden. Die Zweckmäßigkeit dagegen bietet noch eine ganze Reihe von Sonderproblemen, deren Behandlung unsere nächste Aufgabe ist.

FÜNFTES KAPITEL
Kausalität und Zweckmäßigkeit

In der organischen Natur ist alles so eingerichtet, daß es zur Erhaltung des Lebens beiträgt, d.h. es ist alles »zweckmäßig« eingerichtet. Dieser Satz ist zunächst ein bloßes Erfahrungsurteil, das jedermann einleuchtet, weil jeder es unmittelbar als den anspruchslosen Ausdruck für eine unbestreitbare Tatsache ansieht. Aber gerade als nackte Tatsachenkonstatierung, oder wie die Wissenschaft dafür sagt, als deskriptiver Satz, kann es unmöglich Allgemeinheit haben; denn Allgemeinheit setzt den Einblick in die Notwendigkeit voraus, in das Nicht-anders-sein-Können. Soll der Satz also wahr sein, so muß ihm außer seiner bloß erfahrungsgemäßen, aposteriorischen Unvermeidlichkeit noch ein anderer logischer Grund innewohnen, eine Überlegung, die seine Gültigkeit a priori, d.h. aus Vernunftgründen herleitet und die, bewußt oder unbewußt, in allen unseren Aussagen über die Zweckmäßigkeit der Organismen bereits mit enthalten ist.

Eine solche Überlegung läßt sich denn auch leicht genug aufzeigen. Sie hat ihre Notwendigkeit darin, daß die Zweckmäßigkeit im Begriff des Lebewesens unmittelbar enthalten ist und aus ihm bloß folgerichtig herausanalysiert zu werden braucht, um in die Form eines allgemeinen Natururteils gefaßt zu werden. Das Leben »erhält« sich, es ist kontinuierlich trotz aller Prozeßhaftigkeit und Vergänglichkeit im einzelnen. Soviel gehört sicherlich zu seinem Begriff. Gehört aber einmal die

Selbsterhaltung zu ihm, so müssen notwendig auch die Mittel der Selbsterhaltung zu ihm gehören. Oder anders ausgedrückt: es würde sich eben gar nicht erhalten können, wenn nicht seine eigenen Formen und seine eigenen Prozesse »zweckmäßig« in bezug auf seine Selbsterhaltung wären. Die Zweckmäßigkeit ist also nicht etwas, was den Lebenserscheinungen erst von außen hinzukommen müßte; sie ist vielmehr ein Minimum an Voraussetzung, das aus der Lebendigkeit so wenig weggedeutet werden kann als die Lebensform oder der Lebensprozeß. Wie Form und Prozeß uns einleuchten als die Bedingungen, unter denen Erhaltung des Lebens erst möglich wird, so auch die [135] Zweckmäßigkeit. Auch sie ist Bedingung der Möglichkeit des Lebendigen. Ein unzweckmäßiges Organ muß notwendig dem Lebensprozeß hinderlich sein und kann ihn im extremen Falle aufheben.

In diesem doppelten Sinne nun, als konstatierbare Tatsache einerseits und als logisch konstituierende Bedingung andererseits, trifft die Zweckmäßigkeit auf alle Lebensphänomene zu. So ist die lebendige Form von alters her als das an sich Zweckmäßige erkannt worden, insofern sie als Ganzes die Einheit der Organe, also Organismus, ist. Darin klingt noch deutlich der ursprüngliche Wortsinn von »Organ« durch, welcher »Mittel« bedeutet. Das Mittel aber ist seinem Begriff nach immer auf den Zweck bezogen. Es ist Mittel »zu etwas«. Seine Zweckmäßigkeit macht geradezu seinen Begriff aus. Wenn nun in dieser Terminologie der Alten sich auch ein teleologischer Dogmatismus verbarg, so ist sie doch der genaue und deswegen unverlierbare Ausdruck für das tatsächliche Verhalten der Teile zum Ganzen, ja mehr noch, auch der Teile zueinander.

Wir hatten von vornherein gesehen, daß der Organismus ein System ist. Im System aber steckt die Wechselwirkung, deren tieferer, nicht in Kausalität auflösbarer Sinn sich als Wechselbeziehung aller Teilwirkungen darstellte. Bei dieser nun liegt die Einheit im Zusammenhang selbst, und nicht etwa noch in etwas anderem, was erst zu ihm hinzukommen müßte. Das ist es gerade, was sich in der Zweckmäßigkeit aufs handgreiflichste zeigt: die Organe sind zweckmäßig in bezug aufeinander, keines kann ohne das andere leben. Aber eben durch diese wechselseitige Zweckmäßigkeit sind sie zugleich zweckmäßig in bezug auf den ganzen Organismus. Denn seine Erhaltung besteht in der gegenseitigen Erhaltung der Organe. So sind alle Systembeziehungen im Organismus Zweckmäßigkeitsbeziehungen, unbeschadet ihres kausalmechanischen Charakters; und er selbst, als ihre Systemeinheit, ist ein Zweckmäßigkeitssystem. Das gilt für alle Ordnungen des lebendigen Systems, vom hypothetischen Protobionten bis zum vielzelligen Individuum, ja bis zur Gattung hinauf.

Nun liegt aber aller Form bereits der Prozeß zugrunde. Jede Form entsteht in einem formbildenden Prozeß. Folglich muß sich die Zweckmäßigkeit von der Form auf den Prozeß übertragen. Der Prozeß muß zuvörderst einmal zweckmäßig in bezug auf die Form sein; sonst würde eben die besondere Form in ihm nicht entstehen und er selbst also nicht »formbildend« sein. Aber dazu kommt noch ein zweites: die spezifischen Prozesse, aus denen sich der einheitliche Lebensprozeß zusammensetzt, müssen auch bereits zweckmäßig in bezug auf die Form sein, denn sonst würden die in ihnen entstehenden Teilformen des Organismus nicht ein System gegenseitiger Zweckmäßigkeitsbeziehung ausmachen können. Auch sie müssen also als System der Prozesse bereits ein Zweckmäßigkeitssystem bilden, in welchem das Zweckmäßigkeitssystem der morphologischen Teile erst entstehen kann. So müssen im Prozeß der [136] Embryonalentwicklung alle Teilprozesse zweckmäßig zusammenwirken, um in ihrem Gesamtresultat den Organismus zu ergeben. Die Entstehung jeder neuen, besonders funktionierenden Zellenart muß erhaltend und fördernd auf die Entfaltung aller anderen, anders funktionierenden Zellen des Embryo wirken. In jedem einzelnen Entwicklungsstadium muß der Embryo ein System gegenseitiger Zweckmäßigkeit seiner Teilfunktionen bedeuten. Anders wäre es unverständlich, wie der fertige Organismus, d.h. das Endstadium dieses Gesamtprozesses ein solches Zweckmäßigkeitssystem bilden könnte.

Und hier erst wird die Tragweite dieser Beziehungseinheit offenbar. Der morphogenetische Prozeß nämlich ist im wesentlichen ein intersystematischer Prozeß, d.h. ein Prozeß, der allemal von der niederen Ordnung des lebendigen Systems zur höheren aufsteigt. Er hat seine mechanischen Grundbedingungen immer in der niederen Systemordnung. Dasjenige, Gebilde aber, welches in ihm zustande kommt, und in bezug auf welches er folglich zweckmäßig ist, liegt in der höheren Ordnung. So hängt es notwendig mit seinem Aszendenzcharakter zusammen (vgl. die Beziehung von Aszendenz und Formbildung S. 96f. sowie das Reproduktionsgesetz S. 76f.). Der Beziehungsbegriff der Zweckmäßigkeit durchzieht also die ganze Stufenfolge der Systemordnungen. Er ist überall im Spiel, wo es sich um die systemartige Synthese mannigfaltiger Komponenten zu einer höher komplizierten, einheitlichen Resultante handelt; so z.B. in der Zusammensetzung des individuellen Lebensprozesses eines vielzelligen Organismus aus den höchst mannigfaltigen Lebensfunktionen der von ihm umfaßten Zellenarten. Damit aber dringt er in das innere Wesen der Lebendigkeit ein, in die Statik der Selbsterhaltung, oder das Gleichgewicht der Prozesse. Solche funktionale Korrelationen, wie Dissimilation und Assimilation, Sterblichkeit und Reproduktion, sind eben in bezug aufeinander bereits zweckmäßig, und eben deswegen können sie auch miteinander ein Gleichgewicht bilden, auf welchem das Leben gleichsam »ruht« und zur konstanten Resultierenden beweglicher Komponenten wird. Die Zweckmäßigkeit der beiden einander entgegenwirkenden Teilprozesse bedeutet also zugleich eine gemeinsame Zweckmäßigkeit beider für die nächsthöhere Prozeßeinheit. So ist das Widerspiel von Assimilation und Dissimilation zweckmäßig für den Lebensprozeß des Individuums und folglich auch für seine Formerhaltung; und ebenso ist das Widerspiel von Sterblichkeit und Reproduktion der Individuen zweckmäßig für den Lebensprozeß der Gattung und die

Erhaltung ihres Formtypus. Ähnlich aber steht es mit den unzählig vielen Sonderprozessen der niederen Lebenseinheiten, welche das höhere Individuum bilden; sie sind alle in ihrem Zusammenwirken zweckmäßig in bezug auf seinen komplexen, aber dennoch einheitlichen Lebensprozeß, und folglich auch für die Erhaltung – oder gleichsam das statische »Ruhen« seiner Form. Das Wechselverhältnis der Teile zueinander und zum Ganzen kehrt [137] also in der prozessualen Grundlage der Form nur um so fundamentaler wieder. Es zeigt die Zweckmäßigkeit als intersystematische Beziehung. Und der Zweckmäßigkeitscharakter der Prozesse überhaupt für die Erhaltung des lebendigen Systems bildet somit gewissermaßen den Standpunkt einer Statik des Lebens.

Was aber auf die unmittelbar korrelativen Prozesse zutrifft, das gilt auch von komplexeren Zusammenhängen mehrerer. Die Embryogenese umfaßt, wie wir sahen, eine ganze Mannigfaltigkeit von Teilprozessen, die im einzelnen noch wenig bekannt sind, von denen aber gerade soviel sicher ist, daß sie zweckmäßig »zusammenwirken« für die Entstehung des jungen Individuums. Die Zweckmäßigkeit ist hier noch besonders in den Vordergrund gerückt, weil es sich ja hier um »Entwicklung« im engen Sinn handelt, d.h. um die Beziehung eines Anlagesystems mit »prospektiver Bedeutung« (vgl. S. 93) auf das Endresultat, als auf ein durch jenes vorausbestimmtes. So ist es denn unumgänglich, auch hier das gleiche vorauszusetzen wie bei den einfacheren Prozeßkorrelationen, nämlich, daß sie auch »in bezug aufeinander« zweckmäßig sind und keiner ohne den anderen fortgehen kann. Sie müssen auf jedem Stadium ihres Ablaufs durch einander bedingt und in bezug auf einander »sowohl Ursache als Wirkung« sein (Kant). Nur so können sie als Resultat ein in der Wechselwirkung seiner Teilfunktionen zweckmäßig beruhendes und beharrendes System ergeben. Der tiefe Unterschied des organischen vom anorganischen System läßt sich an dieser Zweckmäßigkeit seiner Entstehungsweise wohl am schärfsten kennzeichnen. Das anorganische Gebilde geht aus Bedingungen hervor, die ihm unwesentlich und äußerlich sind und die bei geringster Verschiebung ebensogut Bedingungen eines anderen Gebildes sein könnten. Das organische Gebilde aber ist ein sich selbst bildendes System, ein sich selbst »organisierendes«, d.h. sich differenzierendes und zugleich vereinheitlichendes Ganzes. Aber gerade diese »Selbstbildung« und die damit zusammenhängende Selbstregulation auf allen Entwicklungsstadien ist nur möglich, wenn die Teilprozesse von vornherein durchweg in wechselseitiger Zweckmäßigkeit aufeinander bezogen sind, wie unähnlich sie ihren eigenen späteren Entwicklungsstadien auch sein mögen. Denn so halten sie sich notwendig gegenseitig im Gange und in regulierender Beschränkung. Oder, um es anders zu sagen, sie müssen alle von vornherein Anpassungsprozesse, und zwar im Sinne der gegenseitigen Anpassung, sein. Denn im fertigen Gebilde ist alles gegenseitig angepaßt, sowohl in der Struktur wie in der Funktion. Diese Angepaßtheit ist aber gerade die Zweckmäßigkeit.

Diese Beziehungen reichen nun noch ein gutes Stück weiter. Sie sind sogar am greifbarsten nicht an den inneren Korrelationen der Teile und Funktionen, sondern im Verhalten des Organismus nach außen zu. Dieses Verhalten nämlich ist im allgemeinen kein passives, sondern eine differenzierte und auf bestimmte Effekte eingestellte Aktivität, oder richtiger Reaktivität. Das gilt schon von den Amöben, sowie vom gesamten [138] Pflanzenreich, wo diese Bewegungen am bekanntesten in Gestalt der »Tropismen« sind (der Tendenz gewisser Teile, sich der Sonne oder der Erde zuzuwenden, bzw. abzuwenden). Den Höhepunkt nach dieser Richtung bildet die tierische Beweglichkeit, die sogenannte Selbstbewegung. Hier liegt die Zweckmäßigkeit am sichtbarsten auf der Hand, weil man die »Zwecke« unmittelbar sieht: die Reflexbewegung zeigt gar zuviel Ähnlichkeit mit der menschlichen Handlung. Sie ist unmittelbar auf das dem Individuum Zweckdienliche eingestellt. Und da wir den überaus komplizierten Mechanismus ihrer Auslösung nur in sehr rohen Umrissen kennen, so haben wir gar keinen anderen Weg, sie in ihrer spezifischen Gesetzmäßigkeit zu untersuchen, als uns an das Resultat, die zweckmäßige Wirkung, zu halten. Dieses ist immer einleuchtend und gewiß, einerlei, ob es nun die Zuwendung des Tieres zur Nahrungsquelle, oder Abwendung einer Gefahr, Flucht vor dem Feinde, oder sonst ein Akt der Selbsterhaltung ist. Nicht das Faktum der Zweckmäßigkeit ist ja fraglich, sondern die Bedingungen, auf Grund deren sie erklärbar ist. Ja man kann vielleicht sagen: je auffallender und zielsicherer die Zweckmäßigkeit einer Bewegung ist, um so schwieriger und un-durchsichtiger ist sie in ihren inneren Bedingungen, um so unendlicher ist das Problem, das sie der exakten For-schung aufgibt. Der sichere Anhaltspunkt, den der Ef-fekt darbietet, ist eben nur ein Ansatz, ein Ausgangs-punkt, und bestenfalls liegt in ihm eine Direktive dafür, in welcher Richtung die Forschung zu gehen hat. Mehr kann er nicht sein, denn die Mittel zum Zweck, auf die sich der fernere Rückschluß richten muß, sind für die wissenschaftliche Überlegung immer nichts anderes als die »Ursachen«, die den zweckmäßigen Effekt »bewir-ken«.

So zeigt es sich immer deutlicher, zu je höheren Stufen der Zweckmäßigkeit wir aufsteigen, wie das »Faktum der Zweckmäßigkeit« im Grunde nur ein Problemaus-druck ist, der wohl imstande ist, dem Eindringen der Forschung die Richtung vorzuzeichnen, nicht aber ihr die konstitutiven Mittel an die Hand zu geben, aus de-nen heraus sie selbst sich verstehen ließe. Hinter ihr taucht vielmehr erst die eigentliche Prinzipienfrage auf, die sich kurz formulieren läßt als die Frage nach den Be-dingungen der Zweckmäßigkeit. Die Zweckmäßigkeit als solche erklärt also nichts; sie ist es vielmehr, die der Erklärung bedarf. Es ist eben hier nicht anders als auf anderen Gebieten der Naturwissenschaft: das Faktum ist zugleich das Problem. Die Lösung des Problems aber kann nur in den »Bedingungen der Möglichkeit« des Faktums liegen.

Dieser sehr relative Wert der nackten Zweckmäßig-keit tritt besonders da zutage, wo sie nicht am Lebewesen selbst, sondern an seinen äußeren Bedingungen auftaucht. Alle anorganischen Naturbedingungen aber, in denen Lebewesen sich erhalten können, zeigen derartige Zweckmäßigkeiten. So liegt es auf der Hand, daß der freie Sauerstoff der Luft oder der Kreislauf des Wassers zweckmäßig für alle auf dem Trockenen lebenden Organismen ist. Ebenso steht es mit der Bedeutung des Lichtes [139] für die Kohlensäure assimilierenden Pflanzenteile und indirekt für alle Entstehung von Plasma. Aber bei näherem Zusehen steckt hinter dieser Zweckmäßigkeit etwas anderes. Die Angepaßtheit ist hier auf der falschen Seite gesucht. Nicht die Bedingungen der Erdoberfläche sind an das Leben auf ihr angepaßt, sondern die Lebensformen sind ihrerseits an sie angepaßt, und sie müssen es sein, weil sie sonst überhaupt nicht bestehen könnten. Es ergibt keinen Sinn, das Verhältnis umzukehren und zu sagen, die anorganische Natur sei an die organische angepaßt, denn sie könnte ja auch für sich bestehen – ohne diese. Die Tatsache der Angepaßtheit enthält also noch nicht den Hinweis auf die Richtung der Beziehung. Angepaßtheit wie Zweckmäßigkeit sind reine Verhältnisbegriffe. Es muß also zum Faktum noch etwas hinzukommen, was die eindeutige Richtung der Beziehung hineinträgt. Und das kann nur im Begriff des Lebens selbst gesucht werden als a priori in ihm liegend. Nur das Lebendige kann angepaßt sein, denn nur in ihm handelt es sich um Selbsterhaltung. Von ihm aber gilt es zugleich mit Notwendigkeit, daß es angepaßt sein muß. Und erst diese apriorische Notwendigkeit gibt der erscheinenden Zweckmäßigkeit eindeutigen Sinn.

Schwieriger aber wird der Fall, wo die Zweckmäßigkeitsbeziehung zwischen mehreren Lebenserscheinungen stattfindet. Eine solche gibt es nicht nur innerhalb des Organismus, im Verhältnis seiner Organe, sondern ebenso auch zwischen verschiedenen Organismen, ja zwischen ganzen Gattungen. Unter den vielen bekannten Beispielen der letzteren Art erfreut sich (zumal seit Darwin) einer besonderen Berühmtheit: das Verhältnis zwischen den Blumen und gewissen Insekten (Schmetterlingen, Bienen, Fliegen u.a.). Diese Insekten leben vom Nektar der Blüten, der eigens »für sie« da zu sein scheint und der Pflanze sonst keinerlei Nutzen bringt. Die Blumen wiederum können sich nicht anders fortpflanzen als durch Vermittlung der Insekten, die den Blütenstaub übertragen. Beide sind einander angepaßt. Das Insekt hat Mundwerkzeuge (Rüssel), die eigens umgebildet sind zum Eindringen in die Blüte; und die Blüte wiederum zeigt in Duft und Farbe Anlockungsmittel, die nur in bezug auf das Insekt Sinn haben. Auf welcher Seite liegt nun hier die Zweckmäßigkeit? Sind die Insekten an die Blumen oder die Blumen an die Insekten angepaßt? Es liegt kein Grund vor, die Angepaßtheit bloß auf der einen Seite zu suchen. Man muß sie auf beiden Seiten ansetzen. Die Umbildungen, die hier wie dort im Unterschied gegen andere Arten ähnlicher Organismen sich zeigen, lassen keine andere Annahme zu. Solche gegenseitige Angepaßtheit ist eine nicht seltene Erscheinung. Die vielen in neuerer Zeit gefundenen Fälle von

»Symbiose« (d.h. von zweckmäßigem »Zusammenleben« zweier gänzlich verschiedener Arten) zeugen davon. Sie beweisen, daß die wechselseitige Zweckmäßigkeit keineswegs bloß auf die Teile des Organismus Anwendung hat, sondern ein viel weiteres Beziehungsprinzip ist. Sie [140] zeigt sich hier in Form einer zwischen den verschiedensten Gattungen obwaltenden, also »intergenerellen« Zweckmäßigkeit. Aber wo die eigentlichen Bedingungen zu suchen sind, auf denen sie beruht, gibt sie genau so wenig an, wie die einfache einseitige Angepaßtheit. Es bedarf offenbar auch hier einer ganz anderen Überlegung, um von ihr auf diese zu schließen.

Man sieht es hierbei an jedem einzelnen Phänomen, wie wenig die nackte Beschreibung für das Verständnis der Sache leistet, und wie sehr es überall erst der Theorie und der Grundlegungen bedarf, um das Phänomen der Zweckmäßigkeit aus seinen Ursachen, d.h. aus seinen »konstitutiven« Bedingungen heraus zu verstehen. In der Tat hat sich denn auch zu keiner Zeit die Biologie mit Fakten zufrieden gegeben. Immer hat sie hinter den Wundern der Zweckmäßigkeit etwas anderes gesucht, was sie erklären sollte. Und in betreff dieser Erklärung und Prinzipienbildung hat sie nun eine bedeutsame Evolution hinter sich, die als solche nicht nur historisch, sondern auch systematisch von Interesse ist.

Es ist begreiflich, daß die Beobachtung der Lebewesen zuerst auf diejenigen Erscheinungen sich richten mußte, die am auffallendsten die Ähnlichkeit mit dem Menschlichen zur Schau tragen. Das sind die Bewegungen der Tiere. Hier ist die Zweckmäßigkeit derartig konzentriert, daß sie unmittelbar der Vernunfthandlung verwandt erscheint. Was liegt also näher, als die Lebendigkeit nach Analogie der Vernünftigkeit zu fassen? Dann erklärt sich alle Selbsterhaltung, Selbstbewegung und alle Zielsicherheit der Instinkte aufs einfachste und ohne Rest. Sie sind dann nicht bloß zweckmäßig, sondern »zwecktätig«, der Zweck ist ihre Voraussetzung, ihr »wirkendes« Prinzip.

Diese Ansicht ist in roher Form bereits dem Mythos eigentümlich. Hier wird alles vermenschlicht, oder vielmehr vergöttlicht. Alles »handelt« – mit Absicht und nach Zwecken. Der grobe Anthropomorphismus fällt freilich beim ersten Auftauchen wissenschaftlicher Überlegung. Aber die teleologische Naturansicht wurzelt viel tiefer als ihr mythisches Kleid. Sie bleibt noch lange bestehen, nachdem die Nymphen und Dryaden aus ihr verschwunden sind. Die ersten größeren Systemversuche stehen immer noch auf dem Standpunkt der Zwecktätigkeit. Der philosophische Klassiker dieser Naturauffassung, Aristoteles, prägte ihn derart in feste Formen, daß er Jahrhunderte lang unangefochten blieb. Die Vermenschlichung ist hier freilich nur noch in einem Minimum vorhanden. Aber dennoch ist sie da und läßt sich aufzeigen. Sie liegt darin enthalten, daß hier das Problem des Lebens in verhängnisvoller Weise mit dem des Bewußtseins verquickt wird. »Ein« Prinzip soll für beide Probleme einstehen: das Prinzip der »Seele«. Die Seele soll einerseits »denkende«, also Bewußtseinsprinzip sein, andererseits aber zugleich »ernährende« und »hervortreibende«, also, wie wir sagen würden,

Prinzip des morphogenetischen Prozesses. Nun muß sie als Bewußtseinsprinzip [141] unmittelbar νοῦς sein, ein Terminus, der zugleich »Vernunft« und »Zweck« bedeutet. Als hervortreibendes Lebensprinzip aber muß sie ein autonomes »erstes Agens«, der »Ursprung der Bewegung« sein. Wenn nun im »Ursprung« nicht nur ein indifferenter Anstoß, sondern zugleich eine Richtungsbestimmung des Prozesses liegen soll, so muß in ihm bereits das Ziel desselben enthalten sein. Und das ist nur dann der Fall, wenn er identisch ist mit dem Zweck. Der Zweck muß den Prozeß bestimmen; anders scheint es eben nicht denkbar, daß er mit solcher Zielsicherheit auf das typisch komplizierte Gebilde hinausläuft. Hier ist also der Zweck als bestimmendes, oder »konstitutives« Prinzip gedacht. Der Ursprung muß dann aber in gewissem Sinne das fertige Gebilde, die »Entelechie«, bereits in sich tragen; er muß »erste Entelechie« sein. So schleicht sich die zwecktätige Vernunft, die der anderen Funktion der Seele zukommen sollte, doch wieder in die formbildende Seele ein. Damit ist der Zweck denn in der Tat zum allein herrschenden Prinzip gemacht. Die Aristotelische Biologie ist konstitutive Teleologie, sie konstatiert nicht bloß Zweckmäßigkeit, sondern sie erklärt und begründet durch den Zweck als durch einen den Prozeß bestimmenden Faktor.

Aber die mißliche Konsequenz dieses Verfahrens kann nicht ausbleiben; es muß dann auch eine Vernunft vorausgesetzt werden, die diese Zwecke setzt, und zwar natürlich eine göttliche, vollkommene; wie denn die tiefsinnige Zweckmäßigkeit der Lebewesen, wenn überhaupt auf Vernunftzwecken, so sicherlich nur auf den höchsten und vollkommensten beruhen kann. So läuft die konstitutive Teleologie auf den Theismus hinaus. Sie wird zur »Metaphysik« im Sinne des Unbeweisbaren und philosophisch Unverantwortlichen. Der Vorschub, den diese Naturanschauung der mittelalterlichen Religiosität leistete, sicherte ihr indessen eine beispiellos langdauernde und absolute Herrschaft. Erst die Neuzeit begann mit den Zweckursachen aufzuräumen.

Das Aristotelische System führte nicht nur die lebende, sondern auch die unbelebte Natur auf Zwecke zurück. Auf diesem Gebiet nun rang sich die Naturwissenschaft zuerst von ihren Fesseln los. Die exakte Mechanik Galileis inaugurierte ein Zeitalter der Ursachenforschung. Aber diese Wendung erstreckte sich nicht unmittelbar auf die Biologie. Mit dem Wiederaufleben der antiken Atomistik (Gassendi) drang freilich der Gedanke der Kausalforschung auch hier frühzeitig ein; und Descartes erklärte den tierischen Organismus bereits schlechtweg als Mechanismus. Aber es konnte nicht so leicht sein, für dieses Gebiet Methoden der Kausalforschung zu finden; und ohne diese mußte der neue Kausalitätsgedanke unfruchtbar bleiben. Dieses Zurückbleiben der biologischen Methodik hinter der der exakten Wissenschaften liegt in der Natur der Sache. Es ist eben der Unterschied der Lebenserscheinungen von aller unlebendigen Natur, daß sie schon in ihrem rein deskriptiv vorliegenden Problemgehalt das Faktum der Zweckmäßigkeit [142] enthalten, welches sich weder schmälern noch wegdeuten läßt. Hier liegt der Grund, warum die vorschnelle Übertragung des Mechanismus auf den Organismus durch Descartes, die doch im Einklang mit den medizinischen Forschungen seines Zeitalters stand, dennoch nicht Wurzel fassen konnte. Es bedurfte dazu eben noch eines tieferen Einblickes in die Erkenntnismethodik: es bedurfte des Nachweises, wie sich das Zweckmäßige selbst aus dem Unzweckmäßigen entstanden denken ließe. Man mußte also den umgekehrten Weg gehen: nicht die Zweckmäßigkeit abweisen, sondern es nur um so mehr mit ihr aufnehmen; man mußte sie zu allererst in ihrer ganzen Tiefe und Tragweite kennen lernen, um sie aus Naturgesetzen heraus erklären zu lernen. Nicht die Ignorierung des Problems, sondern nur seine allerprinzipiellste Anerkennung konnte zur Lösung führen.

Es ist bezeichnend, daß derselbe Denker, der die logische Begründung der Newtonschen Mechanik brachte, auch den ersten entscheidenden Schritt für die philosophische Grundlegung der Biologie als Wissenschaft machte. Kants System steht auch für dieses Forschungsgebiet an der Schwelle einer neuen Epoche. Die fundamentale Problemstellung kündigt sich schon im Titel an: »Kritik der teleologischen Urteilskraft«. Hier ist also von vornherein der Gesichtspunkt der Zweckmäßigkeit anerkannt und zugrunde gelegt. Die Frage der Kritik aber geht darauf, mit welchem Recht er zugrunde gelegt ist, und wie weit seine Kompetenz reicht. »Ein Ding seiner inneren Form halber als Naturzweck beurteilen, ist etwas ganz anderes, als die Existenz dieses Dinges für Naturzweck halten« (Kritik der Urteilskraft). Diese Unterscheidung bezeichnet die Stellungnahme gegen Aristoteles. Die »innere Form«, um derentwillen dem Lebewesen die »Beurteilung als Naturzweck« zukommt, besteht aber darin, daß in ihm jedes Organ zugleich organisierend und organisiert, oder was dasselbe ist, zugleich Mittel und Zweck ist. Das Verhältnis von Ursache und Wirkung deckt sich also hier mit dem von Mittel und Zweck, weil es ein gegenseitiges ist; wiewohl im einzelnen das eine die Umkehrung des anderen ist. Der Zweck ist zugleich die Wirkung des Mittels, das Mittel aber Ursache des Zweckes. Wo nun, wie im Organismus, alle Teile und alle Teilprozesse zugleich Mittel und Zweck in bezug aufeinander sind, da müssen sie mit derselben Notwendigkeit auch zugleich Ursache und Wirkung voneinander sein. Deswegen ist es möglich, daß die Zweckbeurteilung für die Kausalerkenntnis eintritt, ohne sie aufzuheben, oder richtiger, ohne ihren Fortgang zu unterbinden.

Warum aber ist dieses Eintreten der einen Beurteilungsweise für die andere überhaupt nötig? Warum ist die Zweckbedeutung des Ganzen für die Teile, und der Teile untereinander, mehr als ein unzulässiger Anthropomorphismus unserer Naturanschauung, den die Wissenschaft [143] überwinden sollte? Warum ist sie der gebotene Ausgangspunkt der Forschung, wie sehr diese immer auf die kausalen Zusammenhänge gehen mag? Hierin liegt die Methodenfrage der »Kritik«. Die Lösung aber, die Kant gibt, ist viel einfacher, als man nach der Formulierung des Problems annehmen müßte.

Alle unsere Erfahrung ist begrenzt; sie erfaßt von ihrem Gegenstande nur, was ihr jeweils zugänglich wird. Die Gegenstände selbst sind daher niemals erschöpft, nicht durchgehend bestimmt. Es bleibt in ihnen immer ein Unbekanntes = x, ein Problemrest, der die fernere Aufgabe der Wissenschaft bildet. Darin hat nicht nur negativ die Beschränktheit, sondern auch positiv die Fortschrittlichkeit der Erfahrung ihren Grund. Somit ist jener unendliche Rest, welcher als »ewige Aufgabe« der Forschung bestehen bleibt, nicht etwas Unwesentliches, Ignorierbares, sondern vielmehr das notwendige Korrelat aller wissenschaftlichen Erkenntnis; er macht den über unsere beschränkte Erfahrung hinausgehenden, oder wie Kant ihn nennt, den »Ideen«-Charakter des Gegenstandes aus.

In diesem Sinne ist der Erfahrungsgegenstand in seiner Ganzheit niemals »gegeben«, sondern bloß der Wissenschaft als ihr Problem »aufgegeben«. Das hindert die Erkenntnis aber nicht, ihn in seiner Ganzheit und Fülle zu antizipieren, um an dieser Antizipation ihre Forschungsrichtung festzulegen. Indem aber die »Idee« des Gegenstandes eine Richtung festlegt, schreibt sie der fortschreitenden Forschung zugleich einen bestimmten Weg vor; sie gibt ihr die methodische »Regel«, wie sie fortschreiten soll, sie »reguliert« sie und wird somit nach Kants treffendem Ausdruck zum »regulativen Prinzip« für die Forschung. Nur darf hierbei niemals vergessen werden, daß diese Idee noch nicht der volle Gegenstand ist, sondern daß ihr gerade dessen wissenschaftlicher Charakter fehlt: nämlich die durchgehende

Bestimmtheit. Ihn aus seinen konstitutiven Bedingungen zu definieren und aufzubauen, ist die Aufgabe, welche die Erkenntnis an ihm verfolgt. Die konstitutiven Bedingungen aber sind es gerade, deren Vollzähligkeit uns fehlt. Wir haben nur gewisse allgemeine Prinzipien, die zwar eine sichere Grundlage für alle »besonderen« oder »empirischen« Gesetze abgeben, aber für ihre Besonderheit als solche keineswegs aufkommen. Am biologischen Gegenstand haben wir diese als »Gesetze spezifischer Komplizierung« kennen gelernt, die nicht auf die einfache Kausalität, sondern gerade auf deren Besonderungen abzielen. Und hier tritt es nun am klarsten zutage, daß der endliche Verstand diese besonderen Gesetze nicht hat, noch auch ohne weiteres finden kann. Es fehlt ihm eben die »Totalität der Bedingungen«. Wir brauchen dafür nur an die einfachsten Beispiele des morphogenetischen Prozesses zu denken: wir können ihn aus seinen Teilursachen nicht restlos rekonstruieren, weil wir diese in ihrer unübersehbaren Mannigfaltigkeit und Beziehungskomplexheit nicht kennen, sondern vielmehr in ihnen das große »x« [144] des Gegenstandes sehen müssen. Das ist es, was Kant unter dem Fehlen der Totalität versteht.

Auf die besonderen Gesetze also zielt die biologische Forschung ab. Wie aber kommt sie zu ihnen? Es genügt offenbar nicht, daß man auf der einen Seite die allgemeinsten logischen und mechanischen Prinzipien, auf der anderen Seite aber ein nacktes deskriptives Material hat; vielmehr können ja erst die besonderen Gesetze selbst diese Extreme vereinigen. Wie soll man nun von dem beiderseitigen Gegebenen zu ihnen gelangen? Es bedarf hier eines besonderen Erkenntnisprinzips, welches der Leitstern der Forschung werden muß. Dieses braucht mit den gesuchten konstitutiven Bedingungen des Gegenstandes, auf die es hinführt, keinerlei Ähnlichkeit zu haben. Andererseits aber darf es auch keinen bloß empirischen Charakter zeigen, sondern muß aus sich selbst a priori gewiß sein. Das heißt in der Sprache Kants, es muß ein »transzendentales Prinzip« sein.

Hier ist es nun, wo der Zweckmäßigkeitsbegriff für die Forschung fruchtbar wird. Daß in ihm ein Erkenntnismoment a priori liegt, sahen wir schon an der einfachen Überlegung, daß das Unzweckmäßige dem Begriff des Lebens widerspricht: es kann sich nicht erhalten, es muß zugrunde gehen. Leben aber ist dasjenige, was Selbsterhaltung hat. Zugleich sieht man hierbei, wie die Zweckmäßigkeit notwendig alles betreffen muß, was das Lebewesen irgendwie wesentlich charakterisiert. Dann aber müssen auch notwendig die gesuchten »besonderen Gesetze« des Lebens diesen Zweckmäßigkeitscharakter tragen; d.h. ihr bestimmender oder »konstitutiver« Wert kann auch nur darin beruhen, daß sie die Erhaltung des Lebens bewirken. Damit aber haben wir ein Kennzeichen, nach welchem wir sie suchen können: jene Gesetze müssen notwendig so beschaffen sein, »als ob« gleichfalls ein Verstand – wenngleich nicht der unsrige – sie zum Zweck der Erhaltung des Lebens gegeben hätte.

Hier liegt also wirklich ein Prinzip vor, nach welchem spezifische Naturgesetze des Lebens gefunden werden können, wenn auch die Fiktion eines zwecksetzenden Verstandes in der Natur dem Wesen dieser Gesetze durchaus zuwiderläuft. Natur verfährt überhaupt nicht nach Zwecken. In ihr geschieht alles notwendig. Aber dasjenige Geschehen, welches in bezug auf die Erhaltung des Lebens zweckmäßig ist, geschieht gleichwohl so, »als ob« es zum Zweck der Erhaltung geschähe. An dem Zutreffen oder Nichtzutreffen dieses »als ob« müssen die verborgenen Gesetze erkennbar werden. Die »reflektierende Urteilskraft«, d.h. die auf die Gesetze rückschließende Erkenntnis, hat somit hieran einen Leitfaden oder, wie Kant es nennt, ein »heuristisches Prinzip«.

Das ist nun die Methodik, die der biologische Forscher, bewußt oder unbewußt, in der Tat immer anwendet, sobald er nur einen Schritt weit über das rein Deskriptive hinausstrebt und nach den Bedingungen des vorliegenden Phänomens fragt. Er muß immer davon ausgehen, was das [145] fragliche Organ oder die fragliche Funktion »für« das ganze Lebewesen leistet. Dieses »für« aber ist die Zweckbeziehung. Erst von dieser aus kann er auf das Mittel rückschließen, welches aber als »Konstituens«, d.h. als mitbestimmendes und miterbauendes Moment gar nicht »Mittel«, sondern vielmehr einfach »Ursache« ist – nämlich die isolierte Teilursache einer komplexen, aber einheitlichen Gesamtwirkung. Die fehlende Totalität der Bedingungen und die Unmöglichkeit, sie herzustellen, zwingt ihn zu diesem Umweg. Er muß, bevor er nach Ursachen fragt, die andere Frage stellen: wozu »dient« das fragliche Organ? D.h. er muß das Naturprodukt zunächst »als Naturzweck beurteilen«, so fern es ihm auch liegt, in ihm einen Zweck des Naturgeschehens zu erblicken. Die Physiologie geht besonders deutlich diesen Weg. Alle Teilprozesse werden erst verständlich an ihrer Leistung für den ganzen Organismus. Hat man diese fest, so läßt sich aus ihr wohl die eine oder die andere ihrer kausalen Bedingungen rückerschließen. Nicht aber lassen sich mit Umgehung der teleologischen Überlegung unmittelbar Ursachen aufweisen. Die »Beziehung setzende« oder »relative Zweckmäßigkeit« muß für unsere Einsicht immer erst die Relationen herstellen, welche die ursächlichen Bedingtheiten in sich bergen. Zweckmäßigkeit ist eben recht eigentlich ein Beziehungsbegriff: »zweckmäßig« kann etwas immer nur »in bezug auf etwas anderes« sein. Ist aber etwas einmal als zweckmäßig in bezug auf ein etwas erkannt, so muß es sich in irgendeiner, wie immer verborgenen, Weise auch als ursächliche Bedingung dieses anderen verstehen lassen.

Man wird dieses heuristische Prinzip um so höher einschätzen, wenn man im Auge behält, daß die Totalität der Bedingungen auf biologischem Gebiet uns noch so gut wie überall fehlt, und daß unsere weitesten Ausblicke, oder richtiger, unsere tiefsten Einblicke in die Gesetzmäßigkeit des Lebensprozesses durchaus hypothetischer Art sind. So ist uns z.B. das Vererbungsphänomen nur in seinem Gesamtresultat gut bekannt; und wir wissen, daß die mannigfaltigen Prozesse, welche die Selbstreproduktion ausmachen, uns aber im wesentlichen unbekannt sind, notwendig zweckmäßig sein müssen in bezug auf die Wiederbildung der Form. Aber alle Annahmen über den Gesetzescharakter in ihnen sind bislang Antizipationen, deren Richtigkeit sich auch nur an der Leistung, d.h. an der Zweckmäßigkeit für den Gesamtprozeß kontrollieren läßt. Solche hypothetischen Antizipationen (vgl. oben S. 85 ff.) waren in der Weißmannschen Theorie das »Anlagesystem« im Keimplasma und seine Zusammensetzung aus spezifisch wirkenden »Determinanten«. Über die intimere Funktion dieser Gebilde etwas auszusagen, ist aber ganz unmöglich; man muß hier eben den Begriff der »Anlage« noch unzergliedert stehen lassen und ihm sein teleologisches Kleid einstweilen wahren, während schon der Ausdruck »Determination« auf eine andere Bedeutung [146] der Keimanlage hinweist, auf die Bedeutung einer notwendig »bestimmenden« Bedingung, oder eines ganzen Komplexes solcher Bedingungen. Der teleologische Begriff der »Anlage zu etwas« trägt also selbst in sich die methodische Tendenz, sich in eine Reihe von konstitutiven Bedingungen aufzulösen. Er leistet dieser seiner Selbstauflösung keinen Widerstand. Im Gegenteil, sein Begriffscharakter und seine antizipierende Einheitsleistung haben genau diesen methodischen Sinn, dem Eindringen der Forschung den Weg vorzuzeichnen und hernach im Fortschreiten derselben anderen, konstitutiven Prinzipien Platz zu machen, selbst aber entbehrlich zu werden. Denn wenn wir die Totalität der Bedingungen des morphogenetischen Prozesses hätten, so würde der Terminus »Anlagesystem« überflüssig und durch genauere Begriffsbildung ersetzt werden. Solange wir aber in dieser Lage nicht sind – und es läßt sich bezweifeln, ob wir jemals dahin gelangen werden – ist der teleologische Begriff um seiner Antizipationskraft willen in seinem Recht; denn er bietet die einzige methodische Möglichkeit, die Einheit des komplexen Prozesses der Wiederbildung zum vorläufigen Ausdruck zu bringen. Solcher Einheitsbegriffe bedarf die Forschung in erster Linie, schon allein um die nötigen Problemeinstellungen für ihre Beobachtungen und Experimente zu gewinnen. Denn, wie wir am eigenen Zeugnis der Experimentalforschung sahen, geht das Experiment nicht vonstatten ohne einen methodisch antizipierenden Einblick in das zu untersuchende Geschehen.

Es ist freilich schwer, sich eine deutliche, konkrete Vorstellung von dieser methodischen Leistung teleologischer Begriffe und ihrer Selbstauflösung in Kausalmomente zu machen. Denn die Forschung geht dabei in der Regel einen zu langsamen und zu komplizierten Weg, als daß er sich ohne weiteres überschauen ließe. Kant, der diese Schwierigkeit für das Verständnis der Sache aufs tiefste empfand, griff hier zu historischen Beispielen von Naturprinzipien, die für unser wissenschaftliches Bewußtsein längst verschollen sind, die aber den Vorzug der Einfachheit und Durchsichtigkeit vor den biologischen Begriffen haben. So führt er die lex parsimoniae naturae und die lex continui an, die in der Aristotelisch-scholastischen Physik vor Galilei als Axiome galten. Die Natur nimmt den kürzesten Weg; sie läßt kein Leeres (horret vacuum). Solche Sätze führen das Irrtümliche bei sich, daß sie dem Naturgeschehen Zwecktätigkeit unterschieben, sie sind aber ein annähernder Ausdruck für eine wirkliche Gesetzlichkeit und haben deswegen heuristischen Wert, solange man den Kausalnexus, in dem diese besteht, nicht durchschaut. Und eben deswegen lösen sie sich zuletzt so restlos in Kausalmomente auf. Am deutlichsten dürfte das am horror vacui zu sehen sein; denn nach den Versuchen Torricellis machte er ohne Schwierigkeiten einer Reihe mechanischer Ursachen Platz, die in Form des allseitigen atmosphärischen Druckes zusammenwirken. Hier läßt [147] sich diese Auflösung im Rückblick leicht übersehen. Von den ungleich komplizierteren teleologischen Begriffen dagegen, mit denen es die Biologie zu tun hat, läßt es sich nicht so leicht voraussehen, »wie« sie sich dereinst in eine Reihe exakter Bedingungen auflösen werden; denn so weit reicht die Antizipationskraft in der Regel nicht. Doch muß gesagt werden, daß gerade in den letzten Jahren durch die Entwicklungsmechanik auch in diese verborgenen Tiefen einiges Licht gefallen ist, insofern hier in methodischer Schärfe die verschiedenen kausalen Möglichkeiten diskutiert und geradezu vorweggenommen werden. Diese Prädispositionen benötigt die Forschung zur Einstellung ihrer Experimente; zugleich aber fällt das bedeutsame Nebenresultat ab, daß der Gang der fortschreitenden Ersetzung teleologischer Antizipationen durch exakte Begriffe selbst wiederum annähernd vorausbestimmbar wird.

So kann denn an der methodischen Bedeutung der »relativen Zweckmäßigkeit«, wie Kant sie aufgestellt hat, kein Zweifel sein. Andererseits aber ist es auch begreiflich, daß sich die Biologie mit diesem heuristischen

Prinzip nicht zufrieden geben konnte. Das liegt sogar im Begriff und Wesen des »heuristischen« oder »regulativen« Prinzips. Ein solches begründet eben selbst nichts, sondern führt nur hin auf die begründenden oder konstitutiven Prinzipien. Auf diesen liegt der ganze Nachdruck und das Ziel der Forschung. Die Unmöglichkeit aber, beim Regulativen stehen zu bleiben, und die unweigerliche Anforderung, zum Konstitutiven durchzudringen, enthält eine große Gefahr für den spekulativen Geist der Naturforschung: die Gefahr, hinter dem Regulativen gar zu unmittelbar ein konstitutives Prinzip verborgen zu wähnen, von dem man dann unwillkürlich anzunehmen geneigt ist, daß ihm die gleiche Einheitlichkeit und Einfachheit wie jenem zukommen müsse. Einen solchen Schluß erlaubt sich der Vitalismus, der seinen Namen daher hat, daß er eine besondere, einheitliche, gestaltende Urkraft, die »Lebenskraft« annahm, der er die verschiedenen Lebenserscheinungen als Wirkungen zuschrieb. Dabei wird der Problemrest, der noch ungelöst ist und von der Wissenschaft als ihre bleibende Aufgabe mitgeschleppt werden muß, auf ein bequem zur Hand liegendes Prinzip abgeschoben, das nicht nur aus sich selbst heraus nichts erklärt, sondern vielmehr seinerseits der Erklärung bedarf. Nun ist freilich gegen »Lebenskraft« nichts einzuwenden, wenn sie ein bloßer Sammelname für die mannigfaltigen Kraftkomponenten des Lebensprozesses sein soll. Will sie aber mehr bedeuten, d.h. will sie ein Erklärungsprinzip sein, das anderweitige Begründung entbehrlich macht, so ist das ein falscher Anspruch. Mit ihr kann nichts erklärt werden, weil wir von ihr nichts wissen können. Sie ist die reinste petitio principii. Auf dieses Prinzip trifft also ungefähr dasselbe zu, wie auf den »konstitutiven Zweck«: alle Erklärung auf diesem Wege ist »rein tautologisch«: die Zweckmäßigkeit der Naturformen wird durch die gleiche Zweckmäßigkeit der [148] sie bewirkenden Kraft erklärt; was – da der Zusammenhang von Form und Prozeß ohnehin auf der Hand liegt – ein reines idem per idem ist. »Lebenskraft« ist bestenfalls bloß ein dynamischer Ausdruck für das sonst statisch gefaßte Faktum der Zweckmäßigkeit.

Eine solche Abkürzung der Aufgabe führt nicht zum Ziel. Sie verfehlt es nicht nur, sondern umgeht es prinzipiell. Wo man sich damit begnügt, Naturerscheinungen aus Zwecktätigkeit zu erklären, da ist der lebendigen Forschung nach natürlichen, gesetzlichen Bedingungen der Weg abgeschnitten. Es ist zwar leicht, auf solcher Basis ein imponierendes System aufzuführen, wie das Beispiel Schellings zeigt. Aber mit dem sachlichen Fortgang der Forschung steht solch ein System nicht in Fühlung. Es ist keine wissenschaftliche Philosophie. Es überträgt Prinzipien, die auf ganz anderem Gebiet ihre Berechtigung haben, auf die Biologie. Was in ethischer Betrachtung von der menschlichen Handlung gilt, daß ihre Zweckmäßigkeit unmittelbare Folge einer Zwecksetzung ist, das kann auf ein wie immer ihr ähnliches Naturgeschehen nicht zutreffen, weil wir nicht die geringsten berechtigenden Anhaltspunkte dafür haben, daß etwas der menschlichen Absicht Analoges in der Natur walte. Vielmehr sagt die Zweckmäßigkeit über die Art ihrer Entstehung nichts aus. Sie ist überhaupt nur eine Begriffsabbreviatur für ein Zusammenwirken mannigfacher Koeffizienten, deren Gesamteffekt die Selbsterhaltung des Lebens ist. Es ist ein offenbares methodisches Mißverständnis, wenn man meint, den an sich unendlichen Gang der Forschung dadurch abzukürzen, daß man die teleologische Struktur des unvermeidlichen methodischen Hilfsbegriffs unmittelbar in einen konstitutiven Grundbegriff umprägt und nun diesen für das bestimmende Prinzip des Lebens ansieht. Gerade in der kritischen Beschränkung der Prinzipienbildung und in der Offenhaltung ihres unendlichen Fortschrittes liegt die Möglichkeit einer einheitlichen Begründung der verwickelten Lebensphänomene. Die willkürliche Verendlichung führt hier, wie überall, zur Metaphysik.

Es verdient nun aber um so mehr anerkannt zu werden, daß gerade in dieser Hinsicht die Entwicklung der biologischen Theorien dem Vitalismus einen wichtigen Dienst verdankt. Die mechanische Forschung ist auf allen ihren Entwicklungsstufen leicht dem Fehler verfallen, daß sie die Entdeckung einer neuen Teilursache für die Lösung des ganzen Problems nahm und das große noch unentdeckte Gefüge von Bedingungen übersah. Hier ist es denn jedesmal der Teleologismus gewesen, der rechtzeitig darauf hingewiesen hat, daß das neue Prinzip, so richtig es sein mag, doch immer nur eines unter vielen Ingredienzien bildet, und daß somit der mechanistisch ungelöste Restbestand des Problems nach wie vor weiter besteht. Der Vitalismus hält den Mechanismus dauernd in Schach und zwingt ihn, immer wieder über seine eigenen Errungenschaften hinauszugehen. Unter den lebenden Forschern dürfte besonders [149] Driesch für diesen Sachverhalt bezeichnend sein. In seiner »Philosophie des Organischen« finden wir eine Reihe scharfsinniger Beweise zusammengestellt, daß die heutige Ursachenforschung für gewisse Fundamentalprobleme des Lebens nicht annähernd zureicht. Drei Punkte sind es besonders, die ihm das beweisende Material liefern: die Komplexheit des morphogenetischen Prozesses, die Zweckmäßigkeit der organischen Regulationen und das Phänomen der Instinkthandlung. Wie man sich nun auch zu seinen theoretischen Konsequenzen stellen mag, die Beweisführung für die Unaufgelöstheit der fraglichen Phänomene ist als solche tief berechtigt. Wir stehen hier wirklich vor unbeantworteten, zum Teil sogar vor ungestellten Fragen, für welche auch alle moderne Verfeinerung der Methodik nicht zureicht. Und so hat es Wert, in ihnen neben den erwiesenen mechanischen Teilursachen einen eigentümlichen »Faktor« anzunehmen, der uns in seiner Gesetzlichkeit bislang unbekannt bleiben und somit im teleologischen Gewande einhergehen muß. Driesch nennt diesen Faktor nach Aristotelischem Vorgange »Entelechie«, faßt ihn aber in einer Weise, die es ermöglicht, das Metaphysische in ihm abzustreifen und ihm eine rein methodische Seite abzugewinnen. Er vermeidet es, positive Bestimmungen für ihn einzusetzen – soweit sich das vermeiden läßt – und beschränkt sich darauf, ihn in lauter Negationen zu definieren. Damit aber nähert er sich, trotz allem Anschein des Gegenteils, doch wieder sehr dem rein wissenschaftlichen Ausdruck für das ungelöste Problem. Tatsächlich nämlich läßt dieses Verfahren durch den negativen Charakter des fehlenden Lebensfaktors der wissenschaftlichen Forschung die Wege offen, ihn mit der Zeit in eine Reihe positiver Faktoren aufzulösen. Jedenfalls steht diesem Begriff der Entelechie nichts im Wege, der methodische, regulative Ausdruck für eine ganze Kette konstitutiver Faktoren, also für eine Totalität der Bedingungen im Sinne Kants, zu sein. Wo sich dagegen das wissenschaftliche Bewußtsein der »Unaufgelöstheit« wesentlicher Faktoren verschiebt zur dogmatischen Behauptung ihrer »Unauflösbarkeit«, da begibt sich die Theorie ihrer methodischen Fruchtbarkeit und wird zur Fessel des wissenschaftlichen Fortschritts.

Mit dieser die Forschung regulierenden Bedeutung erschöpft sich daher auch die Leistungsfähigkeit des Vitalismus. Die konstitutiven Bedingungen erschließt nicht er, sondern die Kausalforschung; und deswegen ist die kausale Grundrichtung, wie sie für die Physiologie bereits Johannes Müller im Auge hatte, das Anzeichen einer fruchtbaren, fortschrittlichen Arbeit, wie immer beschränkt sie ihre Teilprobleme auch fassen mag. Denn diejenigen Gesetze, auf welche sie hinsteuert, sind eben nicht einfache kausale Bewegungsgesetze, wie sie die Mechanik aufstellt, sondern Gesetze der wechselseitigen Bedingung und Komplizierung unter den Kausalfaktoren. Deswegen läßt sich mit dem gleichen Recht sagen, daß ihr Ziel nicht einfache Kausalzusammenhänge sind, [150] sondern Zusammenhänge höherer und gegliederterer Art, wie wir sie unter der allgemeinen Kategorie der Wechselwirkung oder des Systems zusammengefaßt haben. Ihr Gesamtcharakter fällt unbedingt unter die bindende logische Einheit der Naturnotwendigkeit, oder anders gesagt, der durchgehenden Determination des Lebensprozesses. Daher reicht hier die enggefaßte, lineare Kausalität ebensowenig zu, wie etwa die mathematischen Gesetze: sie entspricht nicht der Fülle eigenartiger Beziehungen, in denen das Leben besteht. Das Schwergewicht liegt nicht auf dem »Bewirken« als solchem, sondern auf dem spezifischen »Zusammenwirken«. Die ideale Totalität der Kausalmomente, die dieses Zusammenwirken bilden, fällt daher nicht mehr in die mathematisch exakte Kausalmechanik, sondern außerhalb ihrer. Die Determination des Lebensphänomens steuert auf eine eigentümliche Gesetzmäßigkeit von unendlicher Komplexität hin. Als eine solche müssen wir uns die »Eigengesetzlichkeit«, das ungefundene »Prinzip des Lebens«, denken. Darin liegt die Grundforderung aller systematischen Biologie. Aber als solche steht sie der Kausalmechanik nicht entgegen, sondern bildet gerade das ideale Ziel aller kausalen Detailforschung, ihren Übergang in eine höhere Sphäre von Prinzipien.

Darin besteht nun aber zugleich die eigentümliche, zweiseitige Gebundenheit aller biologischen Forschung. Einerseits ist sie bestimmt durch die Zweckmäßigkeit als ihren allgemeinen Problembegriff und ihr Regulativ, und andererseits zugleich gebunden an den Kausalnexus als an den Teilcharakter ihrer konstitutiven Mo-

mente. Mitten zwischen beiden, von beiden ewig uner-
schöpft und unerreicht, schwebt die gesuchte Einheit
des Lebensgesetzes. Und sie muß in dieser Schwebe zwischen den zwei Polen der Erkenntnis eben deswegen
verharren, weil sie in einer unendlichen Totalität von
Bedingungen besteht, welche weder als einzelne, noch
als Gesamtheit dem endlichen Verstande übersehbar
werden können. Die Kausalmechanik besitzt in ihren
einzelnen Errungenschaften den Vorzug der konstitutiven Vollgültigkeit. Die Teleologie der relativen Zweckmäßigkeit dagegen besitzt den anderen Vorzug, daß sie
die Einheit jener Momente als Resultat vorwegnimmt.
Die Vereinigung beider würde erst die Lösung des Problems ergeben. Aber sie kann nicht in der Weise vollzogen werden, daß der konstitutive Charakter sich von
den Teilursachen auf die teleologische Einheit unmittelbar übertrüge; das eben würde die Usurpierung des Prinzips bedeuten. Sondern sie kann nur den umgekehrten
Weg einschlagen: der Einheitscharakter, den die teleologische Antizipation der exakten Forschung vorzeichnet, muß aus dem konstitutiven Material der Teilursachen sukzessiv hergestellt und gleichsam synthetisch
aufgebaut werden. Da dieser Prozeß aber ein unendlicher ist, so muß die Wissenschaft sich auf jeder ihrer
Stufen als bloßen Näherungswert gegenüber dem irrati-
onalen Gehalt ihrer Aufgabe betrachten.

SECHSTES KAPITEL
Deszendenz und Selektion

Das Gleichgewicht des Lebensprozesses hatte sich uns auf zwei Stufen gezeigt, am Individuum und an der Gattung. Beidemal waren es je zwei einander entgegenarbeitende Prozesse der niederen Lebensstufe, die einander die Waage hielten und dadurch das Gleichgewicht der höheren Einheit herstellen. Der positive Prozeßfaktor war jedesmal Reproduktion: für die Stabilität des Individuums im Stoffwechsel tat es die Assimilation durch das aktive »Isoplasson«; für die Erhaltung der Gattung mußten die Individuen selbst durch Fortpflanzung und durch Vererbung der Artcharaktere sich reproduzieren. Die vielen ungeklärten Punkte, welche dieser Wiederbildungsgang birgt, hindern die Einsicht nicht, daß ihre gemeinsame Resultante die sowohl quantitative als qualitative Erhaltung der Gattung ist. Das Gleichgewicht, welches am Individuum ab einer gewissen Grenze versagt, stellt sich an der Gattung wieder her. Der individuelle Lebensprozeß geht in den Gattungsprozeß über.

Aber wie steht es nun mit diesem Gattungsprozeß selbst? In der Betrachtung seines Verhältnisses zum Individualprozeß und dessen Begrenztheit mußte er sich notwendig zunächst als »stabiles« Gleichgewicht darstellen. Und in diesem relativen Sinne wird daran nichts zu ändern sein. Es handelt sich dabei um einen schlichten Erfahrungssatz, dessen Allgemeinheit sich aus einer teleologischen Antizipation ergibt: die Arten würden eben nicht stabil sein, wenn der Prozeß der Individualreproduktion nicht diese auf ihre Erhaltung eingestellte Zweckmäßigkeit besäße. Aber das ist ja noch die Frage, ob die Arten wirklich absolut stabil sind, und ob es daher richtig ist, die Zweckmäßigkeit der Individualreproduktion auf absolute Erhaltung der Art zu beziehen. Wir überschauen in unseren Beobachtungen nur relativ kleine Zeitabschnitte. Wenn die Arten sich in diesen als konstant erweisen, so besagt das noch keineswegs, daß sie überhaupt konstant sind. Wenn wir statt einiger Jahrtausende ganze Jahrmillionen überschauen könnten, so dürfte das Gesamtbild leicht ein wesentlich anderes sein.

Dazu kommen einige sehr naheliegende Beobachtungen. In keiner uns bekannten Art bildet der Formtypus eine wirklich alle Einzelheiten durchdringende Identität. Überall zeigen die Individuen kleine Abweichungen voneinander. Der Arttypus bewegt sich also in einem gewissen Spielraum, innerhalb dessen er nicht fest determiniert ist. Ferner kennen wir eine Reihe von Arten, die sich im Laufe einer noch übersehbaren Zeit tatsächlich bedeutend verändert haben. Hierher gehören z.B. die Haustiere, von deren manchen sich sogar ein Stammbaum aufstellen läßt, deren Unterschiede aber innerhalb einer Art ebenso weit reichen, wie die Abarten mancher in der Natur freilebender Arten. Wenn nun unter der züchtenden Hand des Menschen sich spezifische Rassentypen [152] bilden konnten, warum dann nicht auch ebenso unter natürlichen Bedingungen?

Das Interesse nun, das sich mit dieser Frage eröffnet, geht sehr tief. Ist die Gattung absolut konstant, so liegt es in ihrem Begriff, daß sie von Anfang an so gewesen sein muß, wie wir sie jetzt kennen. Dann aber kann ihre Entstehung nur ein ursprünglicher »Schöpfungsakt« sein, und die ganze lebendige Natur läßt kein anderes letztes Erklärungsprinzip zu als das einer zwecktätigen Vernunft. Ist aber der Gattungstypus »variabel«, so liegt die Möglichkeit einer viel einfacheren, weil auf natürlichen Bedingungen beruhenden Entstehungsweise vor. Er kann in langsamer Umbildung aus einfacheren Gattungsformen durch fortschreitende Abänderung ihres Typus hervorgegangen sein, und die ganze Organismenwelt läßt sich alsdann aus ihrer Abstammung von einheitlichem Ursprung verstehen. Dieser Gedanke der fortgesetzten Umbildung ist es, den der Terminus »Deszendenz« bezeichnet.

Der älteren Biologie mußte eine solche Annahme fernliegen – nicht nur aus religiöser Gebundenheit, sondern vor allem weil man gar zu sehr an der äußeren Form der Lebewesen hing, die freilich den Einheitscharakter ähnlicher Arten nicht so leicht erkennen läßt. Erst das Aufkommen der vergleichenden Anatomie zeigte, daß der innere Bau (Knochengerüst, Muskulatur, Lagerung und Hauptfunktionen der Organe) viel strengere Analogie aufwies als das äußere Ansehen, – eine Analogie, die recht eigentlich sinnlos und unverständlich bleiben mußte, solange man sie nicht auf gleichen Ursprung bezog. So konnte es denn nicht ausbleiben, daß gleich das erste Auftauchen der Deszendenztheorie im Ausgang des 18. Jahrhunderts ein neues Licht auf die ganze Systematik der Lebewesen warf. Denn es liegt auf der Hand, daß der natürliche Stammbaum der Organismen auch zugleich das natürliche System ihrer Klassifikation ergeben mußte.

Für die ersten Entdecker der Deszendenz, Erasmus, Darwin, Treviranus, Lamarck, mußte sie freilich noch als gewagte Hypothese dastehen. Sie schwebte noch gar zu sehr in theoretischen Abstraktionen. Für uns heute ist sie nahezu ein Faktum geworden; und der hypothetische Rest, der ihr immer noch anhaftet, steht auf einer Stufe mit dem hypothetischen Charakter der Kopernikanischen Ansicht vom Planetensystem. Die Sonne »geht« noch heute für uns »auf« und »unter«, obgleich wir wissen, daß sie in bezug auf die Erde relativ stillsteht; ebenso sind auch heute noch »für uns« die Arten der Lebewesen konstant, obgleich wir wissen, daß sie tatsächlich im Flusse sind. Unzählige rätselhafte Erscheinungen im Leben der Tiere und Pflanzen sind erklärbar geworden auf Grund der Deszendenz, so daß unser wissenschaftliches Denken geradezu an sie wie an eine Kategorie der Erkenntnis gebunden ist.

Aber es handelt sich nicht nur um solche indirekten Beweise. Die Erforschung älterer Ablagerungsschichten der Erdrinde (Paläontologie) [153] hat Versteinerungen von Lebensformen zutage gefördert, die aufs deutlichste Übergangsformen zwischen den uns bekannten, heute lebenden bilden, – von Arten also, welche die Vorfahren heutiger Gattungen sind, die aber selbst unter veränderten Lebensbedingungen zugrunde gegangen sind. In ihnen schließen sich gewisse Lücken des uns unvollkommen zugänglichen Stammbaumes; und daraus wird klar, daß die Kontinuität der geschichtlichen Umbildung der Arten (Transformation) keineswegs an die uns bekannten Arten gebunden ist, zwischen denen vielmehr Sprünge sind, die zu überbrücken im einzelnen keineswegs in unserer Macht steht. Dazu brachte noch die Embryologie an den Übergangsstadien der Ontogenese eine Reihe unzweideutiger Belege, – ein Argument, das uns noch in anderem Zusammenhange beschäftigen wird. Und so stehen wir heute mit dem Deszendenzgedanken in der Tat vor dem Einheitsbilde der mannigfaltigen Lebensformen. Damit ist natürlich die Abstammungsgeschichte im einzelnen keineswegs durchgeführt; und es ist zweifelhaft, ob sie sich jemals wird durchführen lassen. Hier eröffnet sich vielmehr ein großes Feld für die biologische Hypothese. Und in dieser Richtung ist die Forschung von heute noch weit im Felde. Die Versuche einer derartigen hypothetischen Rekonstruktion an größeren Lücken, wo uns auch die Versteinerungen verlassen, sind bislang noch sehr vager Natur und harren, wenn überhaupt sie eine Zukunft haben, noch ganz anderer Spezialforschung. –

Somit ist es denn für die heutige Wissenschaft nicht nur außer allen Zweifel gerückt, sondern auch ein Gegenstand höchsten Interesses, daß das Gleichgewicht der Gattung zwar relativ stabil ist, aber im großen Verlauf der »Phylogenese«, d.h. der geschichtlichen Artenbildung, sich als labil erweist. Der Gattungsprozeß zeigt gewissermaßen eine hochgradige »qualitative Trägheitskraft«, die ihn relativ widerstandsfähig macht gegen abändernde Einflüsse, die aber doch genau so wenig wie die mechanische Trägheit es hindern kann, daß er durch fortgesetzte Einwirkung konstanter Bedingungen langsam, aber stetig transformiert wird und schließlich in späteren Stadien ein sehr verändertes und äußerlich kaum wiederzuerkennendes Gesamtbild zeigen kann.

Wenn aber die Gattung qualitativ verschiebbar ist, so verändert sich damit auch wiederum der Begriff der Selbsterhaltung, der mit dem des Lebens ja aufs engste zusammenhing. Er kann offenbar nicht mehr in der Erhaltung der Gattung liegen; es muß sich vielmehr etwas inmitten der Abänderung der Gattung erhalten, wenn anders sich überhaupt ein höheres Gleichgewicht über dem Werdecharakter der Gattung eröffnen soll. Zunächst liegt ein solches zwar offenbar in der nächsthöheren Gattungsordnung. Aber der Deszendenzgedanke macht vor diesen höheren Ordnungen nicht halt; auch sie sind letztlich im Flusse und ändern sich ab. Es läßt sich somit nur sagen, daß »das Leben überhaupt« sich inmitten dieser allgemeinen Transformation und Beweglichkeit erhält und, als einheitlicher Lebensprozeß gefaßt, etwa wirklich noch ein höheres [154] Gleichgewicht bedeutet. Aber die Erhaltung kommt dann eben nicht mehr der spezifischen »Lebensform« zu, sondern nur dem Lebensprozeß großen Stiles, als Ganzem. Dabei aber wird klar, daß das überhaupt nicht Gleichgewicht im Sinne der individuellen oder Gattungserhaltung ist, sondern vielmehr das Fehlen eines solchen. Es erweist sich eben, daß dieser Begriff nur begrenzte Geltung hat. Er bedeutet nicht Substanz im Sinne der Energie, die nicht erschaffen und vernichtet werden kann. Die

Gattungstypen werden vielmehr im Laufe der Phylogenese sehr wohl erschaffen und wieder verlassen. Die »Selbsterhaltung« wird hier ersetzt durch ein anderes, streng analoges, aber komplizierteres Prinzip: die Selbstumbildung.

Es läßt sich leicht verstehen, warum es über die Gattung hinaus keine Selbsterhaltung mehr im eigentlichen, qualitativen Sinne geben kann. Eine solche ist, wie wir sahen, immer an Reproduktion gebunden, welche dann das fortdauernde Gegengewicht zu aller Degeneration bietet. Die Abänderung der Gattung läßt sich keineswegs mit dem »Altern« des Individuums vergleichen. Die Gattung geht nicht durch Absterben zugrunde, sondern lebt kontinuierlich weiter, nur unter ebenso kontinuierlicher qualitativer Abweichung vom früheren Formtypus. Es kann deshalb hier von Reproduktion irgendwelcher Art, welche die Abweichung etwa wieder regulierte, nicht die Rede sein. Die Gattungsform erlebt keine Selbstwiederbildung, nachdem sie sich einmal verschoben hat.

Es erweist sich also, daß diejenige Zweckmäßigkeit, welche auf die Erhaltung der Gattung geht, kein oberstes, sondern nur ein mittelbares Regulativ sein kann, und daß diejenige »Statik des Lebens«, die durch dieses Prinzip charakterisiert war, den Gattungsprozeß nicht in seinen Grundlagen kennzeichnet. Vielmehr zeigt sich das Moment der Beweglichkeit und des Tendierens, welches eine Eigentümlichkeit alles Lebens bildet, in einer neuen fundamentalen Form. Die Gattung selbst enthält ein Tendenzmoment, aus wie mannigfaltigen Koeffizienten sich dieses immer zusammensetzen mag. Der Gattungsprozeß ist in seinem innersten Wesen selbst wiederum ein »Lebensprozeß« im strengen Sinne, d.h. ein Formbildungsprozeß, welcher sich aber von dem der Ontogenese wesentlich unterscheidet. In ihm sind die Formen, zu denen er führt, durch kein Anlagesystem zum Voraus determiniert, sondern bilden sich in Abhängigkeit von gänzlich anderen, ihm selbst zumeist äußerlichen Bedingungen, die zum Teil in den allerweitesten kosmischen Zusammenhängen wurzeln. Es eröffnet sich somit hier der Ausblick auf einen Lebensprozeß höherer Ordnung, welcher die Lebewelt als Ganzes umfaßt. Diese ist eben kein versteinertes Formsystem, genauso wenig wie der einzelne Organismus, – sondern macht selbst wiederum ein Lebendiges aus, ein sich unentwegt Veränderndes, und gleichwohl in dieser Selbstveränderung sich »als Ganzes« Erhaltendes. Der statische Gesichtspunkt des Gleichgewichts löst sich also wieder in einen höheren, dynamischen auf, unter welchem er bloß die abhängige Rolle eines Moments [155[spielt. Der Deszendenzgedanke führt hinaus auf eine Dynamik des Lebens im großen Stil. Und es läßt sich leicht voraussehen, daß das Verhältnis von Individuum und Gattung hier gleichfalls in einem neuen Licht erscheinen muß, welches die grundlegende Korrelation in ihm erst wirklich an seiner Wurzel fassen läßt.

Diese Dynamik der Phylogenese hebt nun aber keineswegs die Statik der niederen Lebenseinheiten auf. Eine solche muß vielmehr in ihr erhalten bleiben. Die Transformation des Gattungstypus setzt vielmehr notwendig das Gleichgewicht des Individuums wie der Gattung voraus, – nämlich als labiles oder bewegliches Gleichgewicht. Dieses muß gewissermaßen indifferent werden gegen die Abänderung des Typus, es muß sich in aller Umbildung fortsetzen und selbst neue Formen annehmen können. Kurz, es muß gegenüber der Artbildung zum indifferenten Gleichgewicht werden. Und das gleiche muß auch für die niederen Lebenseinheiten zutreffen, in welchen (wie in der Zelle) das Gleichgewicht das von Assimilation und Dissimilation ist. Wo dieses versagt, da wird der Stoffwechsel selbst aufgehoben und mit ihm das Leben. Da aber doch das Leben in allen phylogenetischen Umwandlungen des Typus sich erhält, so muß man schließen, daß auch der Stoffwechsel sich ungestört in ihnen fortsetzt, und daß somit auch das in ihm waltende Gleichgewicht der Assimilation und Dissimilation indifferent ist in bezug auf den Transformismus der Gattung; die Assimilation kann sich z.B. spezifisch abändern, aber ihr entsprechend wird auch die Dissimilation sich abändern müssen, so daß im qualitativ veränderten Stoffwechsel sich dennoch das Gleichgewicht beider Prozesse erhalten muß. Diese Erhaltung des Gleichgewichts inmitten der Abänderung der Prozesse selbst ist es eben, was die Indifferenz dieses Gleichgewichts gegen die Veränderung ausmacht. Denn natürlich bedeutet eine Veränderung des Arttypus (also sowohl der Form wie des Prozesses) notwendig zugleich eine Veränderung der untergeordneten Teilprozesse. Die Stabilität der niederen Ordnung des Lebensprozesses (z.B. Stoffwechsel) muß also der höheren Ordnung desselben (Transformation der Art) einen gewissen Spielraum lassen, innerhalb dessen ihre Beweglichkeit sich entfalten kann. So bahnt sich hier auf Grund des Transformationsbegriffs ein neues intersystematisches Verhältnis an, das alle Ordnungen des Lebens durchzieht und gegen die früheren Arten desselben noch um eine höhere Ordnung erweitert ist. Die Phylogenese bildet gleichsam noch ein oberes Stockwerk zu der ganzen Reihe der bisher entwickelten Grundbegriffe, in dessen erweiterter Systematik diese einerseits erhalten bleiben, andererseits aber zu untergeordneten Momenten höherer Prinzipien werden müssen. Sie bilden hier gewissermaßen den indifferenten Stoff für eine neue, höhere Synthese. –

Mit alledem ist aber fürs erste nur ein Problem aufgeworfen und abgesteckt. Zu seiner Lösung gehört noch ganz anderes als der Nachweis seiner Übereinstimmung mit Tatsachen. Und auch diejenigen prinzipiellen [156] Bedingungen, welche sich vom Standpunkt der Erhaltung und des Gleichgewichts ergaben, sind nur Vorbedingungen. Sie zeigen bestenfalls, wie sich der Transformismus mit den allgemeineren Prinzipien des individuellen und Gattungs-Lebens »verträgt«, nicht aber die positiv bewegenden Motive, die ihn in Schwung bringen und in dauerndem Fortgang erhalten. Die Triebfedern müssen hier offenbar noch besondere sein. Und zwar müssen sie von ganz anderer Art sein als alle bisherigen Prinzipien. Denn sie müssen es in eminentem Sinne mit dem Faktum der Zweckmäßigkeit aufnehmen. Die Zweckmäßigkeit nämlich, sofern sie sich in der Ange-

paßtheit aller Formteile und Funktionen an die Lebenserhaltung des Organismus ausprägte, ist ja ein durchge-
hendes Charakteristikum aller Lebensformen. Sofern
nun aber diese Lebensformen selbst phylogenetisch entstanden gedacht werden müssen, so entsteht der Wissenschaft das Problem, wie das Zweckmäßige als entstanden zu denken ist, d.h. welche Notwendigkeit den
phylogenetischen Prozeß der Formbildung gerade auf
die zweckmäßigen organischen Formen hinlenkt, so
daß im Resultat sich alle existierenden Lebewesen sowohl nach außen an die gegebenen Lebensbedingungen, als auch in sich selbst in der wechselseitigen Bedingtheit ihrer Organe als angepaßt erweisen. Es liegt
auf der Hand, daß auch hier wie überall die Form ihre
konstitutiven Bedingungen in einem Prozeß haben
muß, wie denn überhaupt die Deszendenz ihrem bloßen
Begriff nach schon einen morphogenetischen Prozeß
großen Stils bedeutet. Das bringt nun aber die theoretische Notwendigkeit mit sich, das Faktum der »Angepaßtheit« auf einen Prozeß der »Anpassung« zurückzu-
führen und aus ihm heraus zu erklären. Damit aber muß
die Theorie den Boden bloßer Beobachtung verlassen;
denn die Anpassung ist nicht mehr, wie die Angepaßtheit, eine konstatierbare Tatsache, sondern ein bereits
hypothetischer Begriff, ein Prinzip, welches zugrunde
gelegt werden muß, um die Angepaßtheit zu begründen.

Indessen ist auch die Anpassung noch ein sehr allgemeiner, undifferenzierter Begriff, welcher an die Kompliziertheit des fraglichen Phänomens keineswegs her-

anreicht. Man sieht es ihm auf den ersten Blick an, daß er nur eine zusammenfassende, vorläufige Abbreviatur für eine ganze Reihe tiefer verborgener Prinzipien sein kann. Er ist also vielmehr selbst noch ein bloßer Problemausdruck, was schon aus seiner teleologischen Fassung deutlich hervorgeht. Es gilt also, diesen Begriff erst in seine konstitutiven Momente aufzulösen, so wie es die allgemeine Methodik der systematischen Biologie vorschreibt.

Hier ist es nun mit dieser Auflösung ähnlich wie in den übrigen Grundfragen: es drängt sich auch hier als erstes Auskunftsmittel der »konstitutive Zweck« auf (vgl. S. 131f.). Gibt es eine Möglichkeit, der Phylogenese bewußte Zwecktätigkeit unterzulegen, so erklärt sich natürlich alles Wunderbare in ihr mit einem Schlage. Dagegen meldet sich dasselbe Bedenken wie bei der individuellen Morphogenese: [157] es ist unmöglich, von der Zweckmäßigkeit auf Zwecktätigkeit zu schließen, denn erstere sagt über die Art ihrer Entstehung ja nichts aus. An diesem Punkte ist nun besonders der Entwicklungsbegriff irreleitend geworden. Es liegt so nah, die Phylogenese als »Entwicklung« zu fassen. Aber dann kommt wieder alles darauf an, wie man diesen Begriff nimmt. In der Ontogenese hatte er seine gesicherte Bedeutung, weil der Prozeß hier von einem Anlagesystem ausging, welches das entstehende Gebilde durchgehend im voraus determiniert. Hier »entwickelt« sich also wirklich etwas, was »unentwickelt« in einem genau bestimmten Sinne schon vorher da ist. Die Phylogenese dagegen hat gerade darin ihren Sinn, daß in ihr nichts voraus determiniert ist und daß keine anderen Anlagen hier mitwirken als diejenigen, welche in ihr selbst erst mit entstehen. In der Ontogenese entsteht somit das Zweckmäßige in einem Prozeß, der bereits von einem Zweckmäßigen ausgeht, d.h. vom Keimplasma. In der Phylogenese dagegen ist das Zweckmäßige überhaupt erst im Entstehen; und ihr idealer Ausgangspunkt, wie man ihn im Anorganischen ansetzen muß, ist ein typisch Unzweckmäßiges, oder genauer gesprochen ein Zweckloses oder Zweckindifferentes. Das sollte ja auch gerade die »Anpassung« zum Ausdruck bringen, daß in ihr die »Angepaßtheit« erst im Prozeß entsteht, aber nicht vor ihr da ist. In der Ontogenese geht also das Zweckmäßige aus dem Zweckmäßigen hervor, womit an ihm als solchem nichts erklärt wird. Die Phylogenese dagegen will zeigen, wie das Zweckmäßige aus dem Zwecklosen entsteht.

So reduziert sich denn hier die Bedeutung der »Entwicklung« auf ein Minimum. Es ist nicht genug, daß ihr das teleologische Gewand entzogen wird; sondern sie verliert auch den Sinn der charakteristischen Beziehung eines typischen Anfangsstadiums auf ein gleichfalls typisches Endstadium; denn weder das eine noch das andre läßt sich in der Phylogenese aufzeigen. So behält »Entwicklung« in ihr nur noch den Sinn einer kontinuierlichen Reihe komplexer Prozesse, innerhalb deren immer neue Mannigfaltigkeit und zugleich neue und höhere Einheit des Mannigfaltigen produziert wird. Es ist aus diesem Grunde durchaus nicht wissenschaftlich genau, die Deszendenz als »Entwicklung« zu bezeichnen und darin am Ende gar ihren eigentlichen Sinn zu sehen. Indessen hat sich der Sprachgebrauch nun einmal so eingebürgert; und er hat Sinn gewonnen bei den vielen exakten Forschern, für die der Begriff: »Entwicklung«, »Evolution« nichts andres bedeutet als ein komplexes Geschehen. Und in diesem Sinne hat ihm Herbert Spencer eine philosophisch genauere Bedeutung geschaffen, ohne jedoch im Entwicklungsbegriff die tieferen logischen Grundmomente aufzuweisen. Die exaktere Terminologie ist indessen kaum über das Gebiet spezialwissenschaftlicher Untersuchung hinaus gedrungen, und der Sprachgebrauch ist somit nach wie vor irreleitend für den weiten Kreis derer, denen die verschiedenen Bedeutungen der Entwicklung nicht geläufig sind.

[158] Damit ist nun die Bahn frei geworden für die genauere Forschung nach den positiven, aktiven Faktoren des phylogenetischen Prozesses, oder den Faktoren der Anpassung. Welches sind die gesetzmäßigen Bedingungen, die den Organismus zwingen, sich an äußere Lebensbedingungen anzupassen?

Es war Baptiste Lamarck, der in seiner 1809 erschienenen »Philosophie zoologique« zuerst ein solches Prinzip aufstellte. Er erblickte es darin, daß ein jedes Organ durch Gebrauch wächst und erstarkt, durch Nichtgebrauch aber verkümmert. Das ist zwar zunächst nur ein Erfahrungssatz, der für sich genommen noch keine ursächliche Erklärung enthält. Aber zweifellos liegt hier ein Weg zur Ursachenerklärung vor; wie denn für die heutige Physiologie des Stoffwechsels feststeht, daß die

Hypertrophie oder Atrophie (Über- oder Unterernährung) eines Organs auf dem durch die Stärke des Verbrauchs selbst regulierten Anreiz zur Assimilation beruht. Nun dachte sich Lamarck die äußeren Lebensbedingungen in beständiger, wenn auch langsamer Veränderung; und in dieser Veränderung sah er den Anlaß, daß bestimmte Teile des Organismus stärker, andere schwächer gebraucht werden, woraus dann durch die dem Gebrauch folgende Erstarkung des Organs, oder auch mehrerer Organe zugleich, eine Umbildung der Form resultieren mußte. Sehr berühmt wurde dieses Prinzip durch eine Reihe von Beispielen der Umbildung, die Lamarck auf die angegebene Weise erklärte: so die Anpassung der Schwimmvögel an die zweckmäßige Schwimmbewegung durch Spreizen der Zehen ihres Fußes und die daraus resultierende Bildung der Schwimmhäute; oder die Entstehung der langen Beine bei Sumpfvögeln durch andauerndes Strecken bei der Watbewegung.

An dieser Erklärungsweise nun haften aber einige Bedenken, die ihren Wert zweideutig machen. Vor allem sind es zwei Punkte, über die man hier nicht hinwegkommt. Erstens ist die Erblichkeit der erworbenen Eigenschaften vorausgesetzt; denn natürlich kann sich eine Form nur dann von Generation zu Generation steigern, wenn wenigstens in gewissen Grenzen die im Einzelleben erworbene Steigerung auf die Nachkommen übertragen wird, so daß diese mit der weiteren Steigerung beginnen können, wo die Vorfahren sie gelassen haben. Das aber ist ein bis heute noch zweifelhafter

Punkt. Wenn aber die Erblichkeit erworbener Eigenschaften nicht sicher nachweisbar ist, so dürfte es schwer angehen, auf ihr die Deszendenz zu fundieren. – Aber auch, wenn das Lamarcksche Prinzip nach dieser Seite zu Recht bestehen sollte, es kann doch nicht alle Abänderungen und Anpassungen erklären, weil es sich überhaupt nur auf aktiv funktionierende Teile des Organismus bezieht; denn »Gebrauch« setzt sichtlich aktive Funktion voraus. Nicht alle Anpassungen aber betreffen aktive Strukturteile (z.B. das Hautskelett der Insekten, alle Färbung und Zeichnung, sowie vor allem fast alle pflanzlichen Formgebilde). Die große Menge passiv funktionierender [159] Organe, die an Anzahl wie an Bedeutung hinter der der aktiven nicht zurücksteht, bleibt also auf diesem Wege unerklärt.

Es bedurfte hier eines anderen Prinzips, das weniger voraussetzte und mehr leistete. Ein solches verdankt die Wissenschaft Charles Darwin, einem Enkel jenes Erasmus Darwin, welcher der erste Vorläufer der Deszendenztheorie war. Das klassische Werk Darwins, das im Jahre 1859 unter dem Titel »Die Entstehung der Arten« erschien und eine neue Epoche der biologischen Wissenschaft inaugurierte, brachte das neue Prinzip zugleich mit einem umfassenden und detaillierten Beweismaterial; es war zugleich ein systematisches und ein Sammelwerk. Darin lag die durchschlagende Kraft der Sache.

Darwin wandte sich im richtigen Gefühl für die einzig mögliche Methode zunächst dorthin, wo die Veränderung der Arten am sichtbarsten und in gewissen Grenzen sogar zeitlich verfolgbar ist: zu den Haustieren des Menschen. Hier nämlich verändert sich die Art deswegen so auffallend, weil der Mensch selbst verändernd auf sie einwirkt. Er »züchtet« seine Haustiere; d.h. er wählt zur Nachzucht diejenigen Exemplare aus, die für seine Zwecke die geeignetesten sind. Denn individuelle Unterschiede unter ihnen findet er immer vor. Und da nun, wie die Erfahrung lehrt, auch individuelle Eigentümlichkeiten sich leicht erblich übertragen, so muß derjenige Charakter, den der Züchter wünscht und den er daher bei jeder Auswahl von Nachzucht bevorzugt, sich von Generation zu Generation steigern. Erfahrung lehrt nun zugleich auch, daß solche Züchtung sich auf jeden beliebigen Körperteil erstrecken kann, sowohl auf jeden einzelnen, als auch auf mehrere zusammen. Es gibt, genau genommen, keine absolut konstanten Teile, die unter der »künstlichen Zuchtwahl« des Menschen nicht abgeändert werden könnten.

Hier findet also in der Tat ein Anpassungsprozeß statt: nämlich das Zweckmäßigwerden der betreffenden Art für den Menschen. Wenn es aber ein solches gibt, warum sollte da nicht auch ganz ähnlich in der freien Natur Anpassung stattfinden – an die äußeren Lebensbedingungen; das ergäbe dann einen Prozeß, in welchem die Zweckmäßigkeit der Form buchstäblich erst entstehen würde. Ein solcher aber wäre unmittelbar der Grundtypus des phylogenetischen Formbildungsprozesses.

Die Möglichkeit desselben hängt nun von vier Bedingungen ab, von denen, wie leicht zu sehen, drei bereits wissenschaftlich feststehen. Erstens nämlich muß die

Gattung in jeder Generation eine numerische Überproduktion an Individuen leisten, denn sonst würde durch fortgesetzte Auswahl weniger Individuen zur Fortpflanzung die Gattung quantitativ zusammenschwinden. Zweitens müssen in jeder Generation kleine individuelle Unterschiede des Arttypus, oder »Variationen«, auftreten; denn »Auslese« ist nur möglich, wo solche bereits vorliegen. Und drittens müssen diese individuellen Eigenschaften erblich sein; ohne dies könnte sich eine und dieselbe Eigentümlichkeit nicht durch fortgesetzte Züchtung steigern.

[160] Diese drei Bedingungen treffen nun ohne weiteres zu, – wenigstens sofern es auf ihre empirische Tatsächlichkeit ankommt. Ihre ursächliche Begründung dagegen hängt mit den Grundlagen der Physiologie zusammen und ändert in der Frage der Zuchtwahl nichts. Die einzige große Schwierigkeit dagegen liegt auf Seiten des vierten Faktors: wer übernimmt in der Natur die Rolle des Züchters? Was ist das Ausschlaggebende der Auslese zur Nachzucht in der »natürlichen Zuchtwahl«? Hier liegt tatsächlich ein ernstes Bedenken. Der Züchter handelt doch mit Vernunft und nach Zwecken; und eben deswegen wirkt er auch zweckmäßig auf die Abänderung, er lenkt sie in bestimmte Bahnen, die er ihr vorzeichnet. In der freien Natur dagegen kann gerade Zwecktätigkeit am wenigsten vorausgesetzt werden. Dann würde ja das Zweckmäßige nicht »natürlich« entstehen. Nach dem »Wie« seiner natürlichen Entstehung ist aber gerade gefragt. Wir sind hier in der sonderbaren Lage, die Zwecke, nach welchen sich die Naturauslese

verstehen läßt, unmittelbar angeben zu können, denn sie liegen uns in den Resultaten der Züchtungsprozesse vor, – während es andererseits doch auf der Hand liegt, daß von Zwecken hier überhaupt nicht die Rede sein kann, sondern durchaus nur von notwendigen Resultaten mannigfach zusammenwirkender Prozesse. Die Analogie mit dem Züchter ist also, methodisch genau genommen, eine teleologische Antizipation: der Naturzüchtungsprozeß geht genau so vor sich, »als ob« eine Vernunft in ihm nach dem Zweck der Erhaltung des Lebens die Auslese betriebe. Die Aufgabe ist nun, anstelle dieses »als ob« die tatsächlich wirkenden Ursachen der Auslese zu setzen.

Auf diese Aufgabe zielt die Darwinsche Theorie ab, und in ihrer Lösung kommt es zum eigentlichen Selektionsprinzip. Dieses liegt nun in demjenigen Verhältnis der Individuen zueinander, welches eine unmittelbare Folge ihres Zusammenlebens ist: in ihrem »Kampf ums Dasein«.

Das sieht nun zunächst auch wie ein teleologischer Begriff aus. Das »Dasein«, oder was mit ihm gemeint ist, die Erhaltung des Lebens, ist offenbar Zweck, oder doch nach Analogie des Zweckes gedacht, um welchen die Individuen »kämpfen«. Aber es ist hiermit wie mit allen teleologischen Begriffen der Biologie: der »Kampf ums Dasein« ist nur eine Abbreviatur für ein weit komplizierteres Verhältnis der Individuen untereinander und zu den äußeren Bedingungen. Das hat Darwin aufs deutlichste klargestellt. Alle lebenden Arten sind mannigfachen Gefahren und hemmenden Einflüssen ausgesetzt, sei es nun durch Feinde, durch Nahrungsmangel, Witterung oder ähnliches. Dabei sind besonders die jugendlichen Individuen bedroht, weil sie am wenigsten widerstandsfähig sind. Es geht daher in allen Arten eine große Anzahl von ihnen zugrunde, bevor sie zur Fortpflanzung kommen. Diese Individuen sind dann eben von der Nachzucht ausgeschlossen; und die quantitative Erhaltung der Art stellt sich nur durch die von den übrigen geleistete [161] Überproduktion wieder her, welche für jede Art entsprechend der Vernichtungsziffer reguliert ist. Je größer die letztere wird, desto kleiner wird der Prozentsatz der überlebenden und zur Nachzucht kommenden Individuen. Hier ist also der Boden für eine natürliche Auslese ohne Eingreifen einer Vernunft bereits gegeben.

Es fragt sich nun, welches Prinzip diese Auslese beherrscht, d.h. »welche« Individuen im Durchschnitt die überlebenden sein müssen. Man könnte auf den ersten Blick meinen, das sei reine Zufallssache. Zum Beispiel, die Feinde der Gattung können unmöglich eine Auswahl unter den Beutetieren betreiben. Aber die Frage ändert sich sehr, wenn man sie von der anderen Seite betrachtet. Die einzelnen Individuen der Art sind ja nicht absolut gleich, sondern variieren in gewissem Spielraum. Und diese ihre eigenen individuellen Unterschiede sind es, die über die Auslese entscheiden. Denn bei vorausgesetzter Variabilität können nicht alle Individuen den gleichen Gefahren gleich leicht zum Opfer fallen; sie müssen vielmehr notwendig auch in bezug auf ihre Widerstandsfähigkeit verschieden sein. Daraus aber geht ohne weiteres hervor, daß die Überlebenden allemal – wenigstens im Durchschnitt – die Widerstandsfähigsten sein müssen, also diejenigen, welche die zweckmäßigsten oder passendsten Individualcharaktere besitzen, oder wie Darwin sich summarisch ausdrückte, welche die »Tüchtigsten« sind. Deswegen formulierte er das Prinzip der natürlichen Selektion als das »Überleben des Tüchtigsten«.

Hier haben wir nun eine rein natürliche Gesetzmäßigkeit, welche die Rolle des auswählenden Züchters ausfüllt, und zwar genau so, »als ob« sie nach einem bewußten Zweck verführe. Denn da die Lebensbedingungen einer Art, wie die Nahrungsquellen oder die spezifische Art der Verfolgung durch Feinde, in der Regel über große Zeiträume hin die gleichen bleiben, so müssen sich notwendig durch fortgesetztes Überleben des Tüchtigsten die der Art nützlichen Eigenschaften steigern, bis sie so weit gekommen sind, daß sie einer ferneren Verbesserung nicht mehr fähig sind. Und so wird es begreiflich, wie im Resultat sich in der freien Natur nur »angepaßte« oder zweckmäßige Formen vorfinden: nur sie konnten sich eben erhalten und steigern.

Durch dieses Prinzip löst sich somit die Grundfrage der phylogenetischen Formbildung. Es bringt zur genauen Formulierung, wie in der Natur das Zweckmäßige zu allererst entsteht, d.h. aus dem Zwecklosen hervorgeht. Die phylogenetische Selektion ist das Gesetz der ursprünglichen Bildung zweckmäßiger Form. Oder wenn man es anders ausdrücken will: in ihr ist die »Angepaßtheit« wirklich auf einen »Anpassungsprozeß«

zurückgeführt, welcher seinen Grund hat im fortgesetzten »Überleben des Passendsten«. In der Angepaßtheit hatten wir es mit einem Faktum der Zweckmäßigkeit zu tun; die »Anpassung« dagegen war ein teleologischer Begriff, der den Schein der Zwecktätigkeit kaum vermeiden ließ. Anpassung deckt also das tiefere Problem nur [162] auf, löst es aber nicht. Erst das »Überleben des Passendsten« bringt das gesuchte konstitutive Prinzip. Hier haben wir einen Grundbegriff, der unser biologisches Denken wie eine »Kategorie«, d.h. wie eine Denkform, beherrscht, und der zugleich das logische Kriterium der Übereinstimmung mit dem gegebenen Problem an sich trägt. Im Selektionsprinzip also – und nicht etwa in der »Evolution«, die als solche vielmehr nur ein Problemausdruck wäre – liegt die dynamische Grundkategorie des Transformismus und des Lebensprozesses im großen Stil.

Von den Gegnern Darwins ist hiergegen eingeworfen worden, das Selektionsprinzip sei eigentlich selbstverständlich, es besage gar nichts neues, was im Begriff des Lebens nicht schon läge: natürlich muß das relativ Unzweckmäßige zugrunde gehen, wo es mit dem Zweckmäßigen konkurriert, dieses letztere aber allein übrig bleiben. Das ist aber, philosophisch genommen, kein Einwurf, sondern die vollkommenste Bestätigung der Sache. Denn es spricht nur aus, was die Theorie verlangt, daß das Selektionsprinzip kein bloßer Erfahrungssatz ist, sondern Gewißheit a priori hat. Alle Erkenntnis a priori ist eben selbstverständlich, sobald man die Sache einmal begriffen hat. Der »Einwurf« ist also gerade die

170

Probe aufs Exempel für den Kategoriencharakter der Selektion.

Als einen ferneren Beleg dieses logischen Sachverhalts darf man auch die historische Tatsache ansehen, daß das Selektionsprinzip als solches keineswegs erst von Darwin entdeckt, sondern bereits in der ältesten Philosophie der Griechen aufs deutlichste, wenn auch in roher Form und – was am schwersten ins Gewicht fällt – vor aller Tatsachenkenntnis, aufgestellt worden ist. Es war Empedokles von Agrigent, der im 5. Jahrhundert v. Chr. die These aufstellte, anfangs seien allerhand einzelne Teile von Lebewesen entstanden, die sich dann miteinander verbanden, wie es der Zufall gab, aber die meisten dieser Verbindungen seien zugrunde gegangen, weil sie nicht lebensfähig gewesen wären, und nur diejenigen seien erhalten geblieben, deren Kombination sich als zweckmäßig erwies. Aristoteles (Physik, B 198b) referiert diesen Gedanken aufs unzweideutigste: »Wo nun alles so zusammentraf, als ob es gemäß einem Zweck entstände, das blieb erhalten, weil seine zufällige Zusammensetzung zweckmäßig war; was aber nicht in dieser Weise zusammentraf, das ging zugrunde und geht noch zugrunde.« Wenn man hierbei von der phantastischen Vorstellung der Entstehung der Teile absieht, so enthalten diese Worte aufs genaueste das Prinzip, welches, ohne zwecktätig zu sein, das Zweckmäßige hervorbringt, oder richtiger gesprochen, es als einzige überlebende Form aus der Unzahl der zufällig entstandenen übrigläßt. Und dieser Keim eines großen Gedankens ist denn auch aus der Geschichte des menschlichen

Denkens nicht wieder verschwunden, sondern erhielt sich im Altertum bei den Epikureern und ist dann von dort, namentlich durch Lukrez, auf die Neueren gekommen. Hier aber konnte er freilich nicht fruchtbar werden, [163] bevor die Tatsachenforschung einen bedeutenderen Aufschwung nahm. Daher besaß Darwins Wiederentdeckung des Selektionsprinzips den wissenschaftlichen Wert einer vollkommenen Neuentdeckung. –

Vom Standpunkte des ausgereiften Selektionsgedankens aus gewinnen nun auch die drei oben genannten biologischen Vorbedingungen desselben eine höchst prinzipielle Bedeutung. Die Überproduktion war eine Erscheinung, die uns überall da entgegentrat, wo es Reproduktion gab. Und überall war sie der erste Anstoß zur Labilität der höheren Lebenseinheit. Nun beruht ja sichtlich die Transformation auf der Labilität des Gattungstypus. Diese Labilität führt aber hier nicht zu einem Absterben, etwa dem »Artentod«, sondern zur Umbildung, d.h. zur Produktion neuer Formen. Das ist das Neue, was hier zur Reproduktion hinzukommt. Gerade im höheren Lebensprozeß, der Phylogenese, eröffnet sich durch die Reproduktion hindurch der Ausblick auf ein Ursprünglicheres, dessen bloße Nachbildung die Reproduktion ist: die reine Produktion. Man wird dementsprechend sagen müssen, alle ursprüngliche Formbildung geht auf phylogenetischem Wege durch Überproduktion, Variation und Selektion vor sich; die Ontogenese des Individuums dagegen ist im kleinen Stil die

Nachbildung der im großen Lebensprozeß der Gattung sukzessiv erworbenen Formcharaktere.

Dieser Satz trifft nun in der Tat viel buchstäblicher zu, als man es a priori erwarten kann. Denn die Ontogenese zeigt in ihren Stadien eine ganze Reihe solcher Übergangsformen, die den fertigen Formen niederer Organismen, welche die mutmaßlichen Vorfahren der Art sind, in weitgehendem Maße ähnlich sehen. So konnte Haeckel das »biogenetische Grundgesetz« in die Formel zusammenfassen: die Ontogenese ist eine abgekürzte Wiederholung der Phylogenese. In diesem »Gesetz«, das freilich nur ein Erfahrungssatz ist, spricht sich eine bedeutsame intersystematische Beziehung aus. Denn in ihm sind zwei Systemordnungen der Morphogenese in strenger Abhängigkeit aufeinander bezogen, und zwar in durchaus gegenseitiger Abhängigkeit. Die phylogenetische Formproduktion ist die vorbildende Urerzeugung der Form; sie entdeckt gleichsam ein für allemal die Wege der Formbildung für die Ontogenese und legt sie fest. Diese aber ermöglicht durch die variationsfähige Reproduktion, die sie bedeutet, sowie durch die numerische Überproduktion – der Phylogenese die neue Formproduktion. Beide sind somit unlöslich aneinander gebunden und durcheinander bedingt. Erst zusammen, als Wechselbedingtheit zweier Systemordnungen der Morphogenese, ergeben sie ein einheitliches Prinzip der »Biogenese«.

Zu ähnlicher Systembedeutung gelangt auch die Variabilität. Die unmerklichen Abweichungen der Individuen voneinander werden nur zu leicht als »unwesentlich« übersehen. Die alte Anschauung von der Konstanz des Arttypus konnte freilich nicht anders, als sie für schlechtweg ignorierbar halten. Solange man die Arten für »Substanzen« nahm, [164] mußten sie ja notwendig als absolut einheitlich gedacht werden; über die individuellen Abweichungen hinwegzusehen, mußte dabei geradezu als Aufgabe der Wissenschaft dastehen. Aber hier zeigt es sich, wie willkürlich die logische Unterscheidung des Wesentlichen und Unwesentlichen, oder wie man sie auch nennt, des Notwendigen und Zufälligen ist. Die Variationen der Art bestehen in lauter solchen »zufälligen« Abweichungen vom Typus. Und doch beruht auf ihnen die ganze Abänderungsfähigkeit der Art; denn sie sind die unmerklichen Anfänge, gleichsam die Differentiale, aus denen sich im Laufe der fortgesetzten Züchtung die großen, augenfälligen Neubildungen zusammensetzen. Sie sind also im Hinblick auf den phylogenetischen Formbildungsprozeß gerade eminent wesentlich und notwendig. Und so müssen sie denn auch als notwendig bedingt aufgefaßt werden; was wiederum aus dem Selektionsprinzip selbst resultiert. Denn offenbar haben sich solche Arten, die nicht beständig variierten, nicht an veränderte Lebensbedingungen anpassen können und sind so dem Untergang anheimgefallen. Nur solche Arten blieben im Wechsel der äußeren Bedingungen bestehen, die genügend Variationen zur Auslese darboten. Auf diese Weise stellt sich die Variabilität selbst als eine Anpassung der Arten an die Veränderlichkeit der Lebensbedingungen dar.

Man kann sich aber die innere Gesetzmäßigkeit der Variabilität hypothetisch noch weitergeführt denken. Es muß letztlich in den Determinanten des Keimplasma liegen, daß sie nicht ein für allemal bis ins Kleinste festliegen und sich in dieser Bestimmtheit von Generation zu Generation fortsetzen; sondern sie müssen selbst eine gewisse Tendenz zur Veränderung in sich tragen und nur durch die Amphimixis im Befruchtungsvorgang vor Degeneration bewahrt werden (vgl. über Amphimixis oben S. 87 sowie über qualitative Erhaltung S. 84). Diese erhaltende Regulation durch Amphimixis erleidet aber durch Selektion der Individuen einen Anstoß zur Einseitigkeit, der zur fortgesetzten Abänderung werden kann, wenn viele Generationen hindurch nur Individuen mit bestimmten Besonderheiten zur Nachzucht gelangen. Vorausgesetzt daß diese körperlichen Abweichungen durch entsprechende Abweichungen des Keimplasmas determiniert sind, so müssen bei einseitiger Bevorzugung der gleichen Abweichungen in der Nachzucht allmählich die Determinanten des Keimplasma selbst sich umbilden, weil unter solchen Umständen gerade die Amphimixis nicht regulierend, sondern steigernd auf die Abweichung einwirkt. Hierauf muß denn auch die Erblichkeit der individuellen Eigenschaften beruhen. Denn offenbar kann sich eben eine Abweichung vom Arttypus nur dann von Individuum zu Individuum übertragen, wenn sie bereits im Keimplasma als Abweichung vertreten ist. Das wird besonders einleuchtend an der selbständigen Abänderung einzelner Teile. Eine solche wird nur dadurch erklärbar,

175

daß sie in der selbständigen Abänderung einer Determinante oder eines beschränkten Komplexes von Determinanten, [165] ihren Grund hat. Das Keimplasma einer Art muß letztlich ebenso variabel sein wie die Individuen selbst. Ja, es muß gleichzeitig in ebensoviel Varianten als Individuen vertreten sein. Nur so wird es verständlich, daß die natürliche Auslese des Passendsten auch jedesmal die Züchtung und Steigerung des Passendsten bedeutet.

Um nun aber die Leistungsfähigkeit und Tragweite des Selektionsprinzips zu erfassen, ist es erforderlich, sein Augenmerk noch besonders auf das eigentlich Bewegende und Treibende in ihm zu richten, auf den Kampf ums Dasein. Wenn dieser die Rolle des auswählenden Prinzips übernehmen soll, so reicht es offenbar nicht aus, ihn als Kampf mit Feinden, Witterung und anderen äußeren Bedingungen zu fassen. Solch einer kann wohl die Farbenanpassung der Tiere an ihre Umgebung erklären, weil diese sie ihren Feinden unsichtbar macht und bewirkt, daß nur die am besten angepaßten überleben. Ebenso lassen sich hieraus die wunderbaren Erscheinungen der Mimikry, d.h. der Zeichnungsnachahmung der Schmetterlinge, verstehen. Aber die Umbildung innerer Organe, die nur der allgemeinen Lebensfunktion unmittelbar dienen, kann auf diese Weise schwerlich erklärt werden. Dazu muß der Kampf ums Dasein in noch anderer Weise gesteigert sein und zugleich auf alle irgendwie wesentlichen Funktionen sich erstrecken. Das kommt nun dadurch zustande, daß er nicht nur äußerer, sondern auch innerer Kampf ums

Dasein ist, nämlich ein solcher der Individuen der Art untereinander. Das braucht nicht notwendig ein aktives bellum omnium contra omnes zu sein; es genügt, daß er die Form des allgemeinen Wettbewerbes habe, daß jedes Individuum, indem es sich selbst erhält und durchsetzt, die anderen beeinträchtigt, oder gar unterdrückt. So steht es notwendig im Kampf um die Nahrung, überall wo diese in beschränkter Menge vorhanden ist; und bei vielen Pflanzen ist es noch unmittelbarer ein Kampf um Raum, Luft und Licht. Unter solchen Umständen muß jeder kleinste Vorzug, den ein Individuum vor den anderen hat, ihm einen Vorsprung vor diesen geben; und dank diesem Vorsprung wird es sich dann leichter bis zur Geschlechtsreife durchsetzen und zur Nachzucht gelangen.

Die uns bekannten Artcharaktere lassen sich nahezu alle auf diesem Wege erklären. Dahin gehören keineswegs bloß die Formcharaktere, äußere wie innere, augenfällig sichtbare, mikroskopische und metamikroskopische – sondern genau ebenso sehr auch alle physiologischen Funktionen, ja sogar die Instinkte der Tiere. Wo unter den individuellen Varianten funktionale Eigentümlichkeiten oder Neigung zu Reflexbewegungen bestimmter Art auftauchen, die dem Organismus irgendeinen Vorzug verleihen, so muß notwendig dieser neue Sondercharakter seinen Trägern zum Überleben und zur Nachzucht verhelfen, – wodurch dann wiederum der Anfang zu einer Steigerung desselben gegeben ist. So kommt es, daß der Kampf ums Dasein, ohne selbst im geringsten zwecktätig zu sein, dennoch das Zweckmäßige hervorbringt – und zwar [166] in jeder Hinsicht, wie immer entlegen und kompliziert auch die wirkenden Ursachen der Zweckmäßigkeit sein mögen.

Damit ist aber freilich nicht gesagt, daß wir diesen mannigfaltig ineinandergreifenden Züchtungsprozessen auch im einzelnen folgen und für jede Zweckmäßigkeit auch sogleich den zugehörigen Entstehungsprozeß in seinem besonderen Verlauf nachweisen können. Das verlangt für jeden Fall eine unabsehbare Reihe von Spezialforschungen und ist daher überhaupt eine prinzipiell unendliche Aufgabe. Doch ändert das an der Einsicht nichts, daß alle Zweckmäßigkeit an Lebewesen auf Züchtungsprozessen beruht – genau so wenig als es der physikalisch-kausalen Erkenntnis Eintrag tut, daß es in ihr Erscheinungen gibt, deren besondere Ursachen uns verborgen sind. Es kann uns nicht darum zu tun sein, die absolute Totalität der Bedingungen in Händen zu halten; das ist ein utopisches Ideal der positiven Wissenschaft; sondern es muß genügen, den allgemeinen Prinzipiencharakter der komplexen Komponenten des Lebens vorwegzunehmen und an ihm der Einzelforschung die Wege zu bahnen.

Gegen die Bedeutung des Kampfes ums Dasein ist eingewandt worden, daß er zur Transformation eigentlich nichts beitrage, denn er wirke nur negativ, nicht positiv. Durch ihn wird nur das Unzweckmäßige ausgemerzt, nicht das Zweckmäßige geschaffen. Und wenn alle Individuen in gleicher Weise am Leben blieben, so würden alle Varianten, die angepaßten wie die nicht angepaßten, bestehen bleiben und sich forterben. Es würde also

dann nur eine viel größere Mannigfaltigkeit von Formen entstehen. Das scheint auf den ersten Blick richtig
zu sein; denn es ist wahr, daß der Kampf ums Dasein zunächst bloß negativ wirkt. Aber ein negativer Faktor
kann inmitten einer ganzen Konstellation von positiven
Faktoren selbst wiederum eine sehr positive Bedeutung
gewinnen. In diesem Argument ist nämlich die regulierende Wirkung der Amphimixis vollkommen übersehen. Bei allen geschlechtlich sich fortpflanzenden Organismen bewirkt die Mischung des Keimplasma im Befruchtungsvorgang, daß die Abweichungen innerhalb
der Art sich nicht über eine gewisse Grenze steigern
können, sondern über lang oder kurz immer wieder
durch Kreuzung mit anderen oder gar entgegengesetz-
ten Varianten zum Durchschnittstypus zurückgebildet
werden (vgl. S. 117, 119, 164). Wenn das »Unpassende«
ebenso zahlreich überlebt wie das »Passende«, so hat die
Amphimixis des »Passendsten« mit dem Unpassenden
viel mehr Chancen als die des Passendsten mit seines-
gleichen. Nur die letztere aber ergibt günstigstenfalls
eine Steigerung. Ohne Kampf ums Dasein also wirkt die
Amphimixis notwendig nivellierend auf den Arttypus;
darin besteht ihre zweckmäßig arterhaltende Wirkung
unter gleichbleibend günstigen Lebensbedingungen.
Nur mit dem Kampf ums Dasein zusammen wirkt sie be-
günstigend für die Umbildung. Und zwar, je härter der
Kampf wird, je größer die Gespanntheit der Konkurrenz
und die Erschwerung der individuellen [167] Lebenserhaltung wird, um so exakter muß seine negativ ausmer-
zende Wirkung sich geltend machen, d.h. um so mehr

wird durch das massenhafte Zugrundegehen der schlechter angepaßten Individuen bei jeder Nachzucht eine kleine Anzahl der »Passendsten« isoliert dastehen. Auf diese Isolierung des Passendsten aber kommt es allein an. In ihr liegt die positive Bedeutung des Kampfes ums Dasein für die Umbildung des Arttypus. Der menschliche Züchter kann diese Isolierung auf künstlichem Wege herstellen, ohne die übrigen Individuen zugrunde gehen zu lassen. Im Kausalnexus der Natur dagegen gibt es hier nur den einen Weg zu ihr: den Wettbewerb auf Tod und Leben unter den heranwachsenden Individuen. Die Isolierung des Passendsten kommt durch das »Überleben des Passendsten« zustande. –

Darwin stellte nun neben dieses Selektionsprinzip noch ein zweites von untergeordneter, aber eigentümlicher Bedeutung: die geschlechtliche Zuchtwahl. Bei dieser liegt die Überproduktion in der Regel auf Seiten der Männchen, das Auswählen aber geschieht durch die in Minderzahl befindlichen Weibchen. Wenn jedes Weibchen nur ein Männchen zur Begattung zuläßt, so werden die übrigen von der Nachzucht ausgeschlossen. Hier wirkt in den Weibchen ein bestimmter sexueller Instinkt, der, wie Beobachtungen lehren, sehr differenziert sein kann, d.h. mit großer Konsequenz Männchen von ganz bestimmten Eigentümlichkeiten bevorzugt. Es liegt auf der Hand, daß dadurch die betreffende bevorzugte Eigenschaft des Männchens sich allmählich ebenso steigern muß, wie wenn sie im Kampf ums Dasein zweckmäßig wäre und ihre Träger die anderen überleben ließe. Sie ist aber in der Tat nicht im Kampf ums Dasein, sondern bloß im Kampf um das Weibchen, d.h. um die Fortpflanzung, zweckmäßig. Dementsprechend betrifft geschlechtliche Zuchtwahl auch nur sekundäre Eigenschaften, meist rein äußerliche. Die bekanntesten Beispiele davon sind die gewisser Schmetterlinge und Vögel, bei denen das Männchen bunte, auffallende Farben, das Weibchen dagegen viel schlichtere Färbung zeigt. Hierher gehört auch der bekannte Lockruf der Singvögel sowie die Duftschuppen mancher Schmetterlingsarten, welch letztere sich ausschließlich bei Männchen finden. Die geschlechtliche Zuchtwahl bildet somit ein interessantes Zwischenglied zwischen der bewußten Züchtung des Menschen und der allgemein wirksamen »natürlichen« Zuchtwahl. Denn das wählende Prinzip ist hier weder Vernunft, noch auch brutale Naturgewalt, sondern eine eigenartige Lebensäußerung der Weibchen, eine spezifische Reaktivität auf spezifische Reize, die am ehesten dem ästhetischen Geschmacksurteil verglichen werden kann, ja seit Darwin von vielen als ein solches bezeichnet worden ist. Wie denn der gleiche geschlechtliche Instinkt der Wahl auch dem Menschen noch eigentümlich ist und von ihm als Gegensatz sowohl zur Vernunftüberlegung als auch zum äußeren Zwang empfunden wird.

[168] Was nun die natürliche Zuchtwahl mit der geschlechtlichen gemeinsam hat, ist die Produktion neuer Mannigfaltigkeit, also die Umbildung der Art in der Richtung auf höhere Differenzierung zu. Denn alle Ausbildung neuer Eigenschaften ergibt neue Komplizierung. Das Schwergewicht liegt dabei freilich immer auf

Seiten der Züchtung des Zweckmäßigen durch das Überleben des Passendsten. Denn in ihr geht die ganze innere Formbildung sowie die Ausbildung der organischen Prozeßtypen vor sich. Wir sahen schon, wie die Amphimixis durch den Kampf ums Dasein aus einem nivellierenden zu einem variationssteigernden Moment wurde. Es wäre aber falsch, zu meinen, daß ihre regulierende Bedeutung damit aufgehoben wäre. Vielmehr ist die ganze Transformation als eine Selbstregulierung der Art aufzufassen, – nur nicht als eine solche des zeitweiligen Arttypus, der ohnehin eine bloß vorübergehende Erscheinung ist, sondern als eine solche des Gattungsprozesses. Es ist eben unmöglich, daß der gleiche Typus sich unter veränderten Bedingungen erhalte; denn er bedeutet phylogenetisch nichts anderes als die Angepaßtheit an die früheren Bedingungen. Seine identische Beibehaltung würde zur Folge haben, daß die Art unangepaßt würde in bezug auf die neuen Bedingungen und über kurz oder lang aussterben müßte. Gerade die Umbildungs- und Anpassungsfähigkeit bildet die einzige Möglichkeit der Lebenserhaltung. Und das Versagen der Anpassungsfähigkeit – z.B. das Fehlen passender individueller Variationen – führt unweigerlich zum Artentod. Wir kennen heute aus den Fossilien verschiedener Erdperioden mannigfache Arten, die auf diese Weise zugrunde gegangen sind. Man muß annehmen, daß diese Arten bei gewissen besonders jähen Veränderungen der Lebensbedingungen nicht genügend Variationen gebildet haben, oder doch nicht solche, die im Kampf ums Dasein überleben konnten. Denn ein »natürlicher« Artentod, wie der des Individuums, läßt sich auf Grund des Reproduktionsgesetzes nicht verstehen.

Ist also die Abänderung des Typus ihrerseits wiederum eine Selbstregulation im Sinne der Erhaltung des Lebensprozesses im Großen, so haben wir es in der fortschreitenden phylogenetischen Formbildung überhaupt mit einem Mittel der Selbsterhaltung des Lebens zu tun. Die so gefaßte Lebenserhaltung besteht dann aber nicht in der »Selbsterhaltung« der Form, sondern in ihrer Selbstumbildung. Die Form muß verschwinden, die Formbildung dauert fort; der Prozeß erhält sich im Wechsel der Form. Er erweist sich also nicht nur im Prinzip, sondern auch im Resultat als ihr übergeordnet.

Und da nun die phylogenetische Formbildung in der Regel – d.h. überall wo sie unter dem Kampf ums Dasein steht – notwendig die Richtung auf das Zweckmäßige, oder auf das »am besten Angepaßte«, nehmen muß, d.h. die Richtung zur höheren Differenzierung und Organisierung, so erweist sich diese regulierende Selbstumbildung zugleich als eine fortschreitende Selbsthöherbildung. Sie bildet, im großen Ganzen [169] genommen, keine absteigende, sondern eine aufsteigende Linie, nicht sowohl »Deszendenz« im strengen Wortsinn, als vielmehr »Aszendenz«. Dieser einheitliche Richtungsbegriff widerstreitet keineswegs den zahlreichen Fällen von Rückbildung, die der Forschung bekannt geworden sind. Die Rückbildungen bestätigen vielmehr den Gesetzeszusammenhang zwischen Selektion und Aszendenz. Denn allemal handelt es sich dabei um akute Aufhebung des Kampfes ums Dasein, wie bei

Schmarotzern aller Art, an denen, weil sie im Innern anderer Organismen ihre Nahrung fertig vorfinden, die Ausbildung der Bewegungsorgane nicht mehr zweckmäßig ist. Ähnlich steht es in jenen Fällen, wo einzelne Organe unter veränderten Lebensbedingungen nicht mehr zur Erhaltung des ganzen Organismus beitragen und deswegen »rudimentär« geworden, d.h. verkümmert sind. Dahin gehören die Reste von Augenbildung bei im Dunkeln lebenden Krusterarten, die reduzierten Hinterbeine der Wale, der Blinddarm des Menschen u.a. Das alles sind somit Fälle, in denen Selektion hinsichtlich der rückgebildeten Teile aufgehört hat zu wirken. Diese Fälle bestätigen somit die gesetzmäßige Notwendigkeit der Aszendenz. Denn wenn alle uns bekannte Rückbildung ihren Grund im Fehlen des Daseinskampfes und der Selektion hat, so muß offenbar das Vorhandensein der letzteren unmittelbar phylogenetische Höherbildung zur Folge haben. Wo also, wie es bei lebenden Organismen in der Regel ist, alle Teile und Teilfunktionen, oder doch die Mehrzahl derselben, vom Kampf ums Dasein selegiert werden, so daß nur die am besten funktionierenden Bildungen überleben und sich forterben, da muß notwendig die Richtung der Umbildung die der Aszendenz sein.

Damit haben wir in der Phylogenese diejenige Kategorie wiedergefunden, welche uns auf allen bisherigen Stufen des Formbildungsprozesses als Richtungskategorie begegnete. Alle Morphogenese bedeutete ein Aufsteigen vom einfacheren zum komplizierteren Gebilde. Nun ist aber die Phylogenese eine Formbildung im eminenten Sinne, nämlich, wie sich zeigte, »ursprüngliche Formproduktion«, der gegenüber alle ontogenetische Formbildung bloß Reproduktion ist. So muß sie denn auch Aszendenz im weitesten Sinne sein. Ja, wenn das »biogenetische Grundgesetz« Haeckels sich im Laufe der Forschung auch in größeren Einzelheiten bestätigen sollte, so ließe sich sagen, daß in der phylogenetischen Aszendenz der Grund der ontogenetischen liegen muß; denn diese ist dann die bloße Wiederholung des von jener durchlaufenen und gebahnten Weges. Und wiewohl wir den gesetzlichen Zusammenhang zwischen den Hauptstadien der einen und der anderen nicht im einzelnen durchschauen, so können wir an dieser Analogie dennoch einen antizipierenden Begriff von der inneren Notwendigkeit des ontogenetischen Prozesses gewinnen, weil wir in der Selektion das Prinzip der phylogenetischen Aszendenz in der Hand halten. Was in dieser durch das verwickelte Zusammenwirken innerer und äußerer Bedingungen bewirkt wird – ohne irgendwelches Zutun vorher gegebener Anlagen oder [170] Präformationen – das geschieht in der Ontogenese auf Grund der bestimmenden Wirkungsweise eines hochkomplizierten Anlagesystems. In aller bisherigen Betrachtung der Ontogenese nun blieb uns der eine Punkt offen, woher denn dieses Anlagesystem, das Keimplasma selbst, stamme. Denn offenbar ist seine Bildung ein nicht weniger schwieriges Problem als die der Form selbst. Hier nun haben wir das Mittel in der Hand, die Frage wenigstens im Prinzip zu lösen. Dieses Anlagesystem des Keimplasma hat eben selbst den ganzen Weg der Phylogenese hinter sich und »entsteht« auf ihm – genauso wie die organische Form, die es determiniert. Wir müssen uns diesen Weg der Phylogenese somit notwendig dergestalt denken, daß auf ihm gleichzeitig mit dem sichtbaren Formtypus der Arten auch ihr zugehöriges Keimplasma gezüchtet wird. Das Keimplasma mitsamt seiner funktionalen Leistung muß hiernach als eine von denjenigen zweckmäßigen Organbildungen aufgefaßt werden, auf welche sich in erster Linie der Züchtungsprozeß richtet; denn ohne die höchste Steigerung dieser Reproduktionsfunktion und die annähernde Erhaltung der wichtigsten phylogenetisch durchlaufenen Stadien in ihr ist offenbar die Erhaltung des Lebens nicht möglich. So steht die Aszendenz kleinen Stiles mit der großen Stiles in Wechselwirkung, und der Lebensprozeß als Entfaltung zur höheren Organisationsform wird erst durch diese intersystematische Wechselbeziehung möglich.

Der Zusammenhang, der sich in allgemeinen Umrissen am »biogenetischen Grundgesetz« auftat, eröffnet uns somit einen Einblick in die fundamentalste Bedingung aller Lebensentfaltung. Es sind zwei Ordnungen der Aszendenz aufeinander bezogen, entsprechend den beiden Systemordnungen, die darin entstehen, dem Individuum und der Gattung. Will man nun die systematische Konsequenz dieses Zusammenhanges rein herausschälen, so muß man für die Korrelation der Prozesse die ihrer Prinzipien einsetzen. Das Prinzip der individuellen Aszendenz ist die Determination durch die Keimanlage, das der Gattungsaszendenz ist die Selektion durch den Kampf ums Dasein. Diese beiden Prinzipien sind aber offenbar nicht gleichwertig, nicht gleich primär. Selektion ist unmittelbar aus dem Zusammenwirken kausaler Momente verständlich. Sie ist also der Begriff eines primären Gesetzes komplexer biologischer Systementfaltung. Determination dagegen ist ungleich komplizierter. Von ihrem kausalen Verständnis, oder genauer gesprochen, von der Formulierung des in ihr wirksamen Gesetzes der spezifischen Komplizierung sind wir heute noch unbestimmbar weit entfernt. Soviel jedoch ließ sich leicht ersehen, daß für die phylogenetische Entstehung einer so komplizierten Wirkungsweise das Selektionsgesetz bereits Voraussetzung ist. Man muß sich diese Entstehung notwendig so denken, daß bei dem ersten Auftauchen vielzelliger Organismen nur diejenigen Formen überleben konnten, welche eine – zunächst wohl noch sehr einfache – Keimanlage bildeten, die imstande war, die Wiederbildung neuer Individuen zu determinieren. Und bei jeder phylogenetisch hinzukommenden [171] Differenzierung des Organismus muß dann wiederum nur diejenige Bildung sich als fortpflanzungs- und erhaltungsfähig erwiesen haben, die zugleich eine entsprechende Differenzierung des determinierenden Keimplasma herausbildete. So muß die Ontogenese der höheren Organismen und mit ihr die komplizierte Determinationsfunktion sich phylogenetisch durch Selektion schrittweise gebildet haben. Selektion ist also der Determination nicht als Prinzip koordiniert, sondern übergeordnet.

Das sieht auf den ersten Blick unmöglich aus, denn Selektion sollte ja die Vererbung bereits voraussetzen, müßte also auf Determination schon angewiesen sein. Aber bei genauerem Zusehen erweist es sich dennoch als sehr wohl möglich. Bisher haben wir nur bei der Selektion der Vielzelligen gestanden, bei denen sie freilich an den determinierenden Vererbungsapparat gebunden ist. Aber ihre Geltung reicht weiter hinab. Selektion ist schon viel früher wirksam als Determination. Diese kommt erst mit den Vielzelligen auf, erstere dagegen bezieht sich ausnahmslos auf alle Organismen, also auch schon auf die Einzelligen, die ihren Arttypus durch einfache Selbstteilung forterben. Ja man kann hier noch weiter gehen zu den niederen Ordnungen der Lebewesen, aus denen die Zelle sich mutmaßlich zusammensetzt und von denen sie phylogenetisch abstammt, – bis zum hypothetischen »Protobionten« (Biophor, Pangen, Plasom, vgl. oben S. 104f.). Es unterliegt gar keinem Zweifel, daß das Selektionsprinzip sich auf jede nur irgend denkbare niedere Lebenseinheit bereits erstreckt; denn es leuchtet a priori ein, daß auch unter diesen nur immer die am besten angepaßten überleben können, und daß nur aus diesem Grunde sie sich phylogenetisch aufwärts bilden und zu den uns bekannten höheren Einheiten sich zusammenschließen konnten. Diesen Anfängen der phylogenetischen Aszendenz gegenüber ist also die Artenbildung der Vielzelligen nur eine Fortsetzung. Nur diese letztere aber setzt Determination voraus. Es ist also nicht nur möglich, sondern sogar notwendig, daß die Determination sich erst von einer bestimmten Stufe an durch Selektion herausbildet. Und so ergibt sich die Konsequenz, daß die Selektion sich ihre eigenen Bedingungen für die fernere Höherbildung erst erschafft.

Dasselbe Verhältnis läßt sich nun weiter zurückverfolgen – natürlich gleichfalls bloß im Prinzip. Die Einzelligen reproduzieren sich durch Selbstteilung. Wenn in dieser alle Strukturelemente sich übertragen sollen – was offenbar angenommen werden muß und auch in der Art der Kernteilung seinen Beleg findet (vgl. S. 79) – , so müssen diese einzelnen Strukturelemente sich vor der Teilung verdoppeln, was gleichfalls im Wachsen der Zelle wie der Kernmasse seinen Ausdruck hat. Diese Verdoppelung aber muß qualitativ spezifisch für jeden Teil sein, d.h. jeder Teil muß dabei seine eigene Struktur wiederbilden. Dieser Vorgang, der nicht einfache chemische Assimilation sein kann wie bei der Ernährung, sondern »morphologische Assimilation« (vgl. oben S. 72f.) ist, [172] bedeutet nun offenbar eine eigentümliche Art, der Formbildung, und zwar eine solche durch Reproduktion – nicht durch ursprüngliche Formproduktion –, also eine besondere Art der Synthese niederer Einheiten zu höheren, d.h. eine bestimmte Ordnung der Aszendenz. Weil sie aber Reproduktion ist (ebenso wie die Ontogenese der Vielzelligen), so setzt sie die ursprüngliche Produktion bereits voraus. Und diese kann natürlich auch hier wieder nur in der langsamen, aber ununterbrochenen Stufenfolge der phylogenetischen Aszendenz liegen. Dann also setzt sie gleichfalls das Selektionsprinzip schon voraus; ja, sie kann selbst (genauso wie die Ontogenese) sich erst durch Selektion herausgebildet haben. Morphologische Assimilation ist gleichfalls ein Selektionsprodukt. Selektion ist auch hier das übergeordnete Prinzip.

In gleicher Weise müssen alle niederen Stufen der phylogenetischen Aszendenz samt ihren besonderen Prinzipien sich dem Selektionsprinzip unterordnen. Die primitivste Stufe bildet hier jedenfalls die chemische Assimilation des einfachen Isoplasson (vgl. oben S. 65ff.). Von ihr leuchtet es wohl am unmittelbarsten ein, daß sie unentbehrlich für alles Leben, auch das einfachste, etwa das des Protobionten, ist, ja daß die primäre Lebendigkeit nahezu identisch mit ihr ist. So muß sie denn auch notwendig das erste sein, worauf sich Selektion erstreckt. Man darf sich das hypothetisch etwa so denken, daß bei der ersten Entstehung primitivster Lebewesen, der sogenannten »Urzeugung«, nur diejenigen Bildungen erhalten blieben, die hinreichend assimilierten, um den Stoffwechsel im Gange zu halten. Diese Annahme ist gänzlich unabhängig davon, wie im einzelnen die Urzeugung zu denken ist, und ob überhaupt eine solche angenommen werden darf. Es steht nur soviel fest, daß, sofern sie angenommen wird, sie sofort durch das Selektionsprinzip mit bestimmt ist. Diese Tragweite der Selektion ist heute von denen, die überhaupt mit ihrem Prinzipiencharakter Ernst machen (Roux, Weißmann u.a.) ausdrücklich hervorgehoben. Denn es widerstreitet ihrem Begriff, daß es lebendige Gebilde geben könnte, die ihr nicht unterlägen. So entscheidend ist der apriorische Kategoriencharakter in ihr.

Ebenso nun wie von den verschiedenen Stufen der Morphogenese, muß es auch von den anderen Bedingungen der phylogenetischen Aszendenz gelten, daß Selektion bei ihrer Herausbildung bereits tätig ist. Von der Überproduktion ist das ohne weiteres klar. Sie ist überhaupt ein sekundäres Moment, so sehr sie bis in die niedersten Stufen und, wie wir gesehen haben, bis in die Assimilation hineinreicht. Sie ist nichtsdestoweniger eine Folgeerscheinung der Reproduktion, setzt also diese und mit ihr die phylogenetische Produktion bereits voraus. Sofern sie aber schon auf die Urzeugung zutrifft, fällt sie dennoch auch hier schon mit der ersten Wirksamkeit der Selektion zusammen und wird auf allen ferneren Stufen nur deswegen erhalten und gesteigert, weil wiederum nur diejenigen Bildungen überleben können, die genügend reproduzieren, um fernere Auslese und Anpassung zu ermöglichen. Genau das Gleiche [173] muß denn auch von der Variabilität gelten. Von ihr sahen wir bereits, wie sie sich ohne weiteres als Angepaßtheit an die Veränderlichkeit der äußeren Bedingungen auffassen läßt. Auch sie muß also in irgendeiner Form bereits dem Protobionten zukommen und dann von diesem aufwärts durch Selektion gesteigert worden sein.

Es erweist sich somit, daß das Selektionsprinzip mit allen anderen fundamentalen Lebensprinzipien in Wechselbeziehung steht. Es bildet mit ihnen zusammen ein System von Prinzipien, unter denen es aber insofern doch wieder eine exzeptionelle und übergeordnete Stellung einnimmt, als es inmitten der statischen Bedingungen die einzige dynamische ist. Während jene, jede für sich genommen und auch zusammen, auf die Erhaltung hinwirken, so wirkt Selektion auf Umbildung hin, und zwar im großen und ganzen auf Höherbildung oder Aszendenz. Das gibt ihr ein entscheidendes Übergewicht über die anderen; wie denn auf allen Gebieten die Statik von der Dynamik abhängig, oder richtiger, nur ein Spezialfall von ihr ist. –

Die Darwinsche Fassung des Selektionsprinzips stand auf der Höhe der Wissenschaft ihrer Zeit und entsprach dem damals zu Gebote stehenden Tatsachenmaterial. Eben deswegen ist sie keine abschließende Formulierung. Es gibt noch Gebiete, auf welche sie gleichfalls Anwendung finden muß – eine Anwendung eben, die erst von späteren Stadien der Forschung geleistet werden kann. Die moderne Entwicklungsmechanik hat hier eine Erweiterung gebracht, die sowohl für die Erklärung mancher Tatsachen, als besonders für die Bewertung des Selektionsprinzips selbst einen Fortschritt bezeichnet.

Selektion kann offenbar überall stattfinden, wo es homogene, zusammenlebende Individuen gibt. Nun hatte sich uns aber der Begriff des Individuums aufgelöst in eine ganze Reihe von Ordnungen, von denen nur die beiden oberen der Beobachtung zugänglich sind. Sofern nun die Individuen niederer Ordnungen frei leben und sich nicht zu größeren Aggregaten zusammenschließen, unterliegen sie natürlich ohne weiteres dem Selektionsgesetz. Sofern sie aber sich zusammenschließen zu einem höheren Individuum und zu integrierenden Teilen desselben werden, so wird damit die Frage akut, ob sie innerhalb des großen Organismus indifferent und unbehelligt nebeneinander herleben und nur etwa gegenseitig sich fördern, oder ob sie auch hier in einen Kampf ums Dasein geraten, der unter ihnen das Überleben des Passendsten bewirkt.

Für die Wissenschaft von heute kann es sich dabei freilich nur um die einzige uns bekannte niedere Ordnung des Individuums handeln, um die Zelle. Das statische Verhältnis der Zelle zum vielzelligen Organismus ist im allgemeinen wohlbekannt geworden. Aber die innere Dynamik des Aufbaues vielzelliger Organismen aus einzelligen liegt noch zum Teil im Dunkel. Gerade diese Dynamik ist es aber, die unsere Frage betrifft. Sie wird in erster Linie im ontogenetischen Prozeß zu suchen sein, also im Bereich der reproduktiven Aszendenz. Daß hier die [174] Hauptbedingungen für Selektion erfüllt sind, leuchtet ohne Schwierigkeiten ein; denn die ganze Embryogenese besteht in fortschreitender, qualitativ divergierender Zellvermehrung, wobei die Ernährungs- und Raumbedingungen sehr beschränkte sind, und der Ausbreitung der Zellmassen somit sehr bestimmte Schranken vorgezogen sind. Es liegt also auf der Hand, daß diese sich vermehrenden Zellen innerhalb des großen Organismus in einen Kampf um Raum und Nahrung untereinander geraten müssen, in welchem nur die an jeder Stelle »passendsten« überleben können.

Dem stehen aber andere schwerwiegende Momente entgegen. Die Ontogenese ist ja kein freier Prozeß der Lebensentfaltung. Ihre wesentlichen Grundzüge sind

determiniert durch »Anlagen«, die – nach den Verer-
bungserscheinungen zu schließen – bis in die Endsta-
dien hinein wirksam sind. Vor allem ist die Differenzierung der Zellfunktionen selbst auf diesem Wege vorher
bestimmt und kann daher schwerlich mehr einer Auslese und Steigerung unterliegen. Wenn also hier Selektion stattfindet, so kann sie nur sehr beschränkten Spielraum haben, d.h. sie kann sich nur auf das erstrecken,
was von den Determinanten unbestimmt gelassen wird.
Das können also nur sekundäre Zellcharaktere sein,
oder aber ihre Bewegungs- und Anordnungsverhält-
nisse. Und zweitens ist jeder Selektionsprozeß innerhalb eines vielzelligen Organismus dadurch äußerst beschränkt, daß ihm in der Lebensdauer des letzteren eine
Grenze vorgezogen ist. Es kann sich in ihm also niemals
um bedeutendere Steigerungen handeln, weil in jedem
neuen Individuum der gleiche Prozeß wieder von vorne
beginnen muß, statt kontinuierlich weiterzugehen.

Es ist nun dennoch von W. Roux der Nachweis geführt
worden, daß in diesem beschränkten Sinn ein Selektionsprozeß der bezeichneten Art stattfindet und daß er
auf einem »Kampf der Teile« beruht. Es liegt nämlich
eine Reihe von Erscheinungen vor, die diesen Begriff zu
ihrer Erklärung unentbehrlich machen. Dahin gehört
vor allen Dingen die Anpassung der Teile an den Gebrauch. Jedes Organ wächst durch gesteigerten Gebrauch, ja manche verändern ihre Wirkungsweise sogar
qualitativ, entsprechend den veränderten Bedingungen.
Solche »funktionale Anpassung« kann unmöglich
durch Selektion der ganzen Individuen erklärt werden.

Ist aber das einmal erkannt, so findet man bei genauem Studium der Ontogenese eine ganze Reihe ähnlicher Vorgänge, die sich in jedem Individuum wiederholen, bei denen also der »Kampf der Teile« in den gesetzmäßigen Gang der Entwicklung bereits mit einbegriffen ist. Roux erklärte das begünstigte Fortkommen einer bestimmten Zellenart an bestimmten Stellen des Körpers durch die Wirksamkeit des funktionalen Reizes. Jede Zellenart kommt an dem Punkte am besten fort, wo sie ihrer Eigenart gemäß funktionieren kann, denn die Ausübung dieser Funktion löst zugleich erhöhte Assimilation und Vermehrung aus. So kommt es, daß an bestimmten Stellen eine Auslese [175] unter den verschiedenen Zellarten vor sich geht. In denjenigen Geweben z.B., in welchen der Funktionsreiz in Druck oder Zug besteht, wie in allen Knochen, Sehnen, Ligamenten, muß sich auf diese Weise eine sehr bestimmte räumliche Anordnung der spezifisch funktionierenden Zellenart ergeben, weil die mechanischen Funktionsreize selbst nur in bestimmten Druck- und Zuglinien wirken. Innerhalb dieser Linien sind eben diejenigen Zellen bevorzugt, die auf den Druck- und Zugreiz spezifisch reagieren. Auf diese Weise erklärt sich relativ einfach eine ganze Reihe komplizierter Gewebestrukturen, für welche Determination schwerlich angenommen werden kann, weil es sich in ihnen um rein räumliche Anordnung handelt. Das ist es, was Weißmann Histonalselektion oder Intraselektion genannt hat – in Gegensatz zu welcher die »natürliche Zuchtwahl« Darwins sich als »Individualselektion« bezeichnen läßt.

Wenn nun der inneren Selektion auch lange nicht die gleiche alles beherrschende Bedeutung zukommt, wie der äußeren, so ist sie doch sehr vielsagend in theoretischer Hinsicht. Sie erweitert eben den ganzen Selektionsbegriff wieder in einer neuen Richtung. Und diese Richtung ist mit der Histonalselektion nicht abgeschlossen. Es steht nichts im Wege, sie sich weiter abwärts fortgesetzt zu denken, wiewohl uns unterhalb der Zelle die Tatsachenkenntnis verläßt. Soviel ist gewiß, daß auch die Zelle schon ein kompliziertes Gebilde aus einfacheren Bestandteilen ist; und diese sind wiederum lebende Einheiten mit dem Wert von Individuen. Andererseits ist es selbstverständlich, daß auch in der Zelle Raum und Nahrung nur beschränkt sein können. Es sind somit alle Bedingungen für Intraselektion der Zellteile gegeben, und es läßt sich kaum umgehen, eine solche anzunehmen, wobei die Struktur der ganzen Zelle wesentlich durch sie bestimmt sein muß. Dazu kommt noch, daß im Prinzip die in der Zelle sich abspielende Intraselektion viel schwerer ins Gewicht fallen muß als die im vielzelligen Organismus. Denn dieser verfällt dem Tode, und die Auslese muß in jedem Individuum von neuem beginnen. Das einzellige Gebilde dagegen lebt kontinuierlich von Generation zu Generation weiter. Die bloße Zellteilung kann den Prozeß der Intraselektion schwerlich unterbrechen; dieser muß hier also selbst kontinuierlich durchgehen, ebenso wie die Individualselektion. Und so ist denn weiter anzunehmen, daß hier eine tiefgreifende Wechselwirkung zwischen beiden parallellaufenden Arten der Selektion stattfindet, was offenbar eine gesteigerte Aszendenz der phylogenetischen Formbildung zur Folge hat. Weißmann hat in der Tat Selektion auf dieser Stufe, nämlich unter den Determinanten der Keimzelle, angenommen. Und auf dieser Annahme liegt eine weitgehende theoretische Bedeutung; denn in dieser »Germinalselektion« liegt dann der Grund des Auftauchens von erblichen Varietäten. Diese aber sind ihrerseits Bedingung der Individualselektion. Auch hier also würden wir es mit einem wechselseitigen Ineinandergreifen zweier Stufen des Selektionsprozesses zu tun haben.

[176] In ähnlicher Weise nun wird man sich die Intraselektion abwärts fortwirkend denken müssen bis zum Protobionten herab. Daß die niederen Stufen des Individuums völlig hypothetisch bleiben müssen, ändert an der Stringenz eines solchen Schlusses gar nichts. Dieser besagt eben nur, daß, »sofern« es niedere Lebenseinheiten gibt, diese notwendig innerhalb jeder Ordnung der Intraselektion der höheren Einheit unterliegen müssen. Und überall wird die Grundrichtung dieser Prozesse eine morphogenetische Aszendenz sein.

Somit durchzieht denn das Selektionsprinzip alle Ordnungen des lebendigen Systems, sowohl als äußere wie als innere Selektion. Als äußere oder Individualselektion gibt sie dabei die Grundlage des einheitlichen phylogenetischen Aszendenzprozesses ab, von der primitivsten Lebensform aufwärts bis zum Menschen. Das ist schon für sich genommen ein großartiges Einheitsbild. Aber als Intraselektion ergibt sie, auf die ganze Reihe der Ordnungen bezogen, womöglich ein noch wunderbareres Gesamtbild. Denn die Ordnungen des Individuums haben ja von Hause aus ein solches Verhältnis zueinander, daß jedesmal die höhere die niedere als Bestandteil in sich enthält; und die höchste Ordnung enthält somit die ganze Reihe der niederen in sich (vgl. oben S. 101ff.). Wenn nun aber jede niedere Ordnung von Individuen innerhalb der sie umschließenden höheren Einheit der inneren Selektion unterliegt, so haben wir an der höchsten Ordnung des Individuums – nämlich dem vielzelligen Organismus – ein ganzes Gefüge von ineinandergreifenden und sich gegenseitig beeinflussenden, dennoch aber relativ selbständigen Selektionsprozessen, von denen jeder einzelne bereits eine komplexe Prozeßresultante aus mannigfaltigen funktionalen Komponenten ist. Hier erweist sich die Selektion als Grundlage einer intersystematischen Beziehung im großen Stil; und wenn wir diese von den bisherigen Formen intersystematischer Beziehungen unterscheiden wollen, so werden wir, in Rücksicht auf den dynamischen Charakter der Selektion überhaupt, sagen müssen, daß dieses die Formel einer intersystematischen Dynamik des Lebens ist.

Dem statischen Gegenstück hierzu waren wir bei den Ordnungen der Reproduktion begegnet. Und dort ließ sich das beherrschende Grundverhältnis in eine einfache Formel bringen: jede Art der Reproduktion bedeutet Selbsterhaltung des Lebens, aber nicht derselben, sondern der nächsthöheren Ordnung. In dieser Formulierung des Reproduktionsgesetzes erhielt sich aufs deutlichste die allgemeine Grundform der intersystema-tischen Beziehung, nach welcher allemal die Außenkräfte des niederen Systems zugleich die Innenkräfte des höheren sind, um als solche die integrierenden Komponenten einer größeren einheitlichen Resultante zu werden. Am Reproduktionsgesetz nun ist diese obere Resultante die Stabilität des Gleichgewichts, oder die Selbsterhaltung. Der Prozeß mündet somit hier in ein konstantes Verhältnis ein, seine Leistung fällt unter den übergeordneten Standpunkt einer Statik des Lebens.

[177] Das ist es aber gerade, was sich an unserer gegenwärtigen Frage umgekehrt hat. Die Reproduktion erweist sich auf allen Stufen als Überproduktion; diese aber führt den Kampf ums Dasein im Gefolge und mit ihm die Selektion. Damit sind wir aus dem statischen Verhältnis herausgetreten. Die obere Resultante jeder niederen Prozeßwirkung wird wieder dynamisch. Sie bedeutet nicht mehr Stabilität, sondern Fortschreiten, nicht Selbsterhaltung, sondern Selbstumbildung,. Und weil nun diese Dynamik allemal Anpassung ist und die Richtung auf das Zweckmäßige einschlägt, so ist sie durch diese ihre Tendenz zum höheren Typus als Aszendenz gekennzeichnet. Indem somit das Reproduktionsgesetz sich in ein Selektionsgesetz umwandelt, verschiebt sich zugleich – wie wir nun zusammenfassend sagen dürfen – das statische Prinzip der intersystematischen Selbsterhaltung des Lebens zu einem dynamischen Prinzip der intersystematischen Aszendenz. Die zum Reproduktionsgesetz parallele Formulierung muß dann lauten: »Kampf ums Dasein und Überleben des Passendsten der niederen Ordnung bedeutet immer

zugleich Anpassung und Aszendenz der höheren Ordnung.«

So aszendiert durch Histonalselektion das vielzellige Individuum in seiner Ontogenese, durch Individualselektion die Art auf ihrem phylogenetischen Werdegange, durch Artselektion die nächsthöhere Gattung usf.; und ebenso muß die Reihe abwärts bis zum Protobionten fortgesetzt gedacht werden. In jedem höheren Individuum, und erst recht in jeder Gattung höherer Individuen, ist somit gleichzeitig eine ganze Stufenfolge ineinander wirkender Selektionsprozesse tätig, auf deren komplexem Gefüge das wunderbare Phänomen der fortschreitenden Selbsthöherbildung des Lebens beruht.

Es bestätigt sich somit hier, daß die Lebenserscheinungen im Großen wie im Kleinen ihre eigentümliche Gesetzmäßigkeit gegenüber allen Erscheinungen der unlebendigen Natur haben – unbeschadet des kausalmechanischen Charakters der einzelnen Teilmomente in diesem Prozeßzusammenhang. Es handelt sich eben darin nicht sowohl um die isolierte, lineare Kausalität der einzelnen Teilwirkungen, sondern um das, was Kant im Gegensatz zum Regulativ der Zweckmäßigkeit die »besonderen Gesetze« nannte, und was uns in unserer Problemanalyse des Lebens von vornherein als Gesetz der spezifischen Komplizierung vor Augen stand. Diesen eigentümlichen Gesetzescharakter im einzelnen nachzuweisen und zu formulieren, ist und bleibt eine unendliche Aufgabe der biologischen Forschung. Nur das allgemeine Schema läßt sich vom Standpunkt der heutigen Wissenschaft antizipieren auf Grund des unaufhaltsamen Eindringens parallellaufender Spezialuntersuchungen, deren lebendiges Fortschreiten heute in allen Problemrichtungen der Biologie fühlbar wird. Das Selektionsprinzip war die erste große Entdeckung dieser Art. Und es ist nicht anzunehmen, daß sie die letzte bleiben wird.

SIEBENTES KAPITEL
Leben und Bewußtsein

Das Bewußtsein ist das Grenzproblem der Biologie. Es steht damit ebenso wie mit den Grenzproblemen anderer Gebiete auch. Es läßt sich nicht ausschalten und abweisen, denn es spielt sichtlich in das Lebensproblem hinein; es taucht in ihm auf und erhebt den Anspruch auf Berücksichtigung. Es läßt sich aber ebensowenig positiv einschalten in die Reihe der Teilprobleme des Lebens und in gleicher Weise mit ihnen behandeln. Jeder Versuch, es auf Grund der Prinzipien des Lebens, so weit oder eng man diese immer fassen mag, zu behandeln, schlägt fehl und muß fehlschlagen, weil uns das Bewußtsein als solches von ganz anderer Seite und auf Grund anderer Vorgänge bekannt ist. Die Psychologie, deren rechtmäßiges Problem es bildet, rechnet mit grundverschiedenen Ausgangspunkten und tritt von entgegengesetzter Seite an seine Erforschung heran. Nur auf Grund einer derartigen besonderen Methode kann sie überhaupt in das Bewußtsein eindringen.

In diesem Eindringen liegt der springende Punkt. Es ist nämlich unmöglich, in das Bewußtsein von außen hinein zu gelangen, seine Innerlichkeit aus irgendwelchen, wie immer verstandenen, äußeren Anzeichen zu gewinnen, – wie man etwa die innere Struktur eines räumlichen Gegenstandes aus seiner Oberflächenbeschaffenheit durch Schlüsse gewinnt. Man kann vielmehr zu dieser Innerlichkeit nur gelangen, wenn man bereits in ihr ist. Das Bewußtsein kann nur introspektiv in sich selbst betrachtet werden. Das Bewußtsein selbst muß sich auf den Verlauf seiner eigenen Vorgänge besinnen; es muß zugleich Betrachtendes und Objekt der Betrachtung sein. Daraus aber ergibt sich die Konsequenz: der Betrachtende kann unmittelbar nur sein eigenes Bewußtsein zum Gegenstande der Betrachtung machen; und alles, was über dieses hinausliegt, jedes zweite, fremde Bewußtsein, bedeutet ihm nur eine Analogie hierzu.

Es soll damit nicht gesagt sein, daß dasjenige, was der inneren Beobachtung zugänglich ist, damit auch schon in seiner vollen psychologischen Eigenart »gegeben« wäre. Die Psychologie bedarf vielmehr noch ganz anderer Methoden, um diese Eigenart richtig zu erschließen. Soviel aber ist durch die innere Erfahrung des Bewußtseins gewiß, daß alles, was an Vorgängen in ihm auftaucht, d.h. also »zum Bewußtsein kommt«, unmittelbar psychischer Inhalt ist, und nicht erst in einen solchen umgedeutet zu werden braucht.

Dieser rechtmäßige Weg der Psychologie ist es aber gerade, der von der Biologie niemals eingeschlagen werden kann, weil die lebendige Natur uns ebenso wie die unlebendige als »Gegenstand« gegenübersteht. Wenn also hier von einem Organismus behauptet wird, er habe Bewußtsein, oder gar noch näheres über die Art dieses Bewußtseins ausgesagt [179] wird, so ist das ein der Psychologie entgegengesetzter und aus ihr nicht zu rechtfertigender Bewußtseinsbegriff, eine Übertragung der psychischen Innerlichkeit auf ein Objekt, oder kurz eine

Objektivierung des Subjektiven. Der Widerspruch liegt hier so am Tage, daß es unmöglich erscheinen muß, auf diesem Wege an das Bewußtsein heranzukommen. Hier kann alles nur aus der Analogie mit dem menschlichen Bewußtsein genommen werden, und zwar aus einer zum Teil recht entfernten Analogie, so nah sie vielleicht auch dem naiven Denken zu liegen scheint. Denn das tierische Bewußtsein kann ja dem menschlichen jedenfalls nicht gleichen. Es muß von ihm verschieden sein; und zwar kann es nur als niedere Abstufung von ihm gedacht werden. Aber nach welcher Analogie sollte wohl dieses spezifisch Verschiedene in ihm gedacht werden? Wir haben keine, die dazu den methodischen Weg abgäbe. Sie kann weder im menschlichen Bewußtsein liegen, weil sie dann nicht maßgebend für den spezifischen Unterschied von ihm sein könnte; noch außer ihm, weil sie dann überhaupt nicht ins Bewußtseinsproblem fiele.

Und dennoch besteht das Problem. Dennoch ist die enge Beziehung zwischen Biologie und Bewußtsein vorhanden, derart, daß es unmöglich ist, jene ohne dieses zur Abrundung zu bringen. Es liegt gar zu sehr auf der Hand, daß die höheren Tiere etwas unserem Bewußtsein ähnliches besitzen, wie immer verschieden es auch von diesem sein mag. Man kann sich hier freilich auf einen sehr extremen Standpunkt stellen und behaupten, die Anzeichen von Bewußtsein, die wir an Tieren wahrzunehmen glauben, seien im Grunde nur Reflexbewegungen komplizierterer Art; und so absurd das auch angesichts des Ausdrucks von Gemütsbewegung der höheren Tiere sein mag, es läßt sich schwer dawider streiten, weil es eben doch unmöglich ist, dem fremden, heterogenen Bewußtsein bis in seine Innerlichkeit hinein nachzugehen.

Aber noch weit schwerwiegender wird das Bewußtseinsproblem innerhalb der Biologie, wenn wir uns an diejenigen Organbildungen halten, die überhaupt nur dann einen Sinn, d.h. eine Zweckmäßigkeit haben, wenn sie in Kontakt mit einem Bewußtsein stehen. Vor allem die Sinnesorgane gehören hierher. Was hat das Auge für eine Bestimmung, wenn es nicht ein Bewußtsein gibt, in welchem Gesichtsbilder entstehen können? Dasselbe muß dann auch für die anderen Sinne gelten. Da aber Organe dieser Art ziemlich weit in der Phylogenese hinaufreichen, so wird es unvermeidlich, auch die Anfänge des Bewußtseins in ziemlich frühe Entfaltungsstufen des Lebens hinauf zu verlegen. Je weiter wir uns aber dabei vom Menschen entfernen, um so unklarer und verschwommener wird der Bewußtseinsbegriff selbst, um den es sich dabei handeln soll. Denn um so mehr versagt alle irgendwie heranziehbare Analogie.

Aber das ist nur die eine Seite des aufgegebenen Problems. Die schwierigere Hälfte liegt noch viel näher, ist noch viel unabweisbarer und aktueller: auch von Seiten der Psychologie selbst entgeht man den Beziehungen zum Biologischen nicht. Wir finden das Bewußtsein, so wie es [180] uns als das »unsrige« vorschwebt, allemal auf einen Körper bezogen, und gleichsam an ihn »gebunden«; dieser ist uns gleichfalls als »unserer« bekannt, und ist dennoch als tierischer Organismus unmittelbar Gegenstand der Biologie. Es ist das altberühmte Problem von »Leib und Seele«, das hierin seine Wurzel hat. Das Bewußtsein ist in einer ganzen Reihe seiner wichtigsten Funktionen so ganz auf den Leib angewiesen, daß es gar nicht ohne ihn gedacht werden kann; so in der Willensbetätigung, in der Empfindung, im Schmerz usf. In der ersteren beginnt ein Prozeß als psychischer Vorgang und endet in Muskelbewegung; in der Empfindung dagegen, sowie im Schmerz beginnt der Prozeß mit einem leiblichen Vorgang und mündet ein in einen Bewußtseinsinhalt. Aber damit ist die Beziehung nicht erschöpft. Die psychischen Vorgänge zeigen Beziehung auf ein ganzes System von zusammenhängenden, überaus fein differenzierten physiologischen Prozessen, auf die Vorgänge des Zentralnervensystems. Hier kennt man eine überwiegende Anzahl von Zugehörigkeiten und beiderseitigen Abhängigkeiten. Die geistige Betätigung verbraucht nervöse Energie und löst wiederum solche zur Tätigkeit aus. Spezifische Nervenvorgänge sind Bedingungen spezifischer psychischer Vorgänge. Die »experimentelle Psychologie« hat in viele Einzelheiten dieser Zusammenhänge hineingeleuchtet; hier ist ein ganzes Feld neuer Forschung entstanden, das fortwährend neue Probleme aufdeckt.

Aber zweierlei ist es, was auf diesem Gebiet allen Forschungsresultaten gemeinsam ist. Einmal können sie die allgemeine Grenze der psychologischen Methode so wenig wie irgendeine andere Überlegung überschreiten; in ihnen wird keine Übertragung vom Psychischen aufs Physiologische, oder umgekehrt, vollzogen; man kommt auch hier mit der wie immer verfeinerten Methodik niemals aus dem einen ins andere, nicht von außen ins Bewußtsein, so wenig als aus dem Bewußtsein zum Nervenprozesse. Der eigentliche Zusammenhang ist und bleibt verborgen. Es bleiben überall zwei parallellaufende, oder sich wechselseitig unerreichbare und gleichsam ewig transzendent bleibende Reihen von Vorgängen. Es ist denn auch früh für ihr Verhältnis der Terminus »Parallelismus« geprägt worden, der aber seinerseits wiederum daran leidet, daß er alle Möglichkeit einer Wechselbedingtheit von vornherein und unbesehen ausschließt, während sowohl die Psychologie als die Physiologie mit einer solchen rechnen muß.

Und zweitens sind die Resultate dieser Forschungsrichtung wesentlich physiologischer Art. Die Psychologie erscheint also hier im Dienste eines biologischen Teilproblems; nicht aber umgekehrt leistet dieses etwas für jene. Oder wenigstens bleiben die psychologischen Resultate dieser Art in äußerst bescheidenen Grenzen. So lassen sich z.B. gewisse physiologische Bedingungen angeben, unter denen Bewußtsein entsteht oder verschwindet; aber »wie« es entsteht und verschwindet, bleibt dabei eine nicht [181] nur ungelöste, sondern auch vollkommen unberührte Frage. Es zeigt sich also das Merkwürdige, daß gerade dort, wo der Zusammenhang des Physischen und Psychischen unmittelbar »gegeben« scheint, er doch gleich rätselhaft bleibt, wie vor aller Forschung: der Mensch selbst, dessen Natur in diesem Zusammenhang besteht, klärt ihn nicht auf, sondern verschleiert ihn nur noch mehr.

Es wäre nun denkbar, die psychophysische Beziehungsfrage ganz abzuweisen, die Psychologie und die Physiologie jede für sich ihrer Wege gehen zu lassen, ohne daß ihre Problemrichtungen sich schneiden. Aber abgesehen davon, daß das weder in der einen noch in der anderen möglich ist, kommt hier noch ein Interesse der weitgefaßten Biologie hinzu, welches es verbietet, das Vereinigungsproblem an ihnen fallen zu lassen. Dieses ergibt sich am Deszendenzgedanken. Der Mensch stammt vom Tier ab, und alle seine verfeinerten und vergeistigten Funktionen haben ihren Hintergrund, aus dem hervor sie sich differenziert haben. An den leiblichen Funktionen des Menschen ist das selbstverständlich; hier liegt die phylogenetische Basis klar zutage und macht sich bis in alle Einzelheiten hinein geltend. Deswegen ist auch der Abstammungsgedanke so evident und schlagend. Er braucht nur einmal theoretisch begriffen zu sein, um als unabweisbar dazustehen; und man darf wohl sagen, daß seit Darwins Buch von der »Abstammung des Menschen« kein einziger stichhaltiger Einwand dagegen gemacht worden ist.

Aber das große Problem der Menschwerdung ist damit dennoch in seiner Eigentümlichkeit noch gar nicht aufgeworfen, geschweige denn gelöst. Denn sehr anders als mit den leiblichen steht es mit den geistigen Funktionen; und diese gerade sind es, in denen erst der Begriff »Mensch« sich entfaltet. Das Endproblem der Biologie nach dieser Richtung wäre nun hiernach das, nachzuweisen, wie auch das menschliche Bewußtsein eine Phylogenese hinter sich hat, und wie es dabei von Schritt zu

Schritt aus den niederen, unbewußten Organismen, über die verschiedenen Stufen des tierischen Bewußtseins sich durch Aszendenz gebildet haben muß. Auch diese Aufgabe enthält, wenigstens als Forderung, etwas unmittelbar Einleuchtendes. Wie wäre es anders möglich, als daß die geistigen Funktionen ebenso wie die leiblichen, der phylogenetischen Entstehung unterworfen sind, da sie doch an die Bedingungen spezifischer Nervenprozesse gebunden sind, die ihrerseits rein leiblich sind und somit den Stempel ihres Entstehungsweges noch an sich tragen? In diesem Sinne einen Einspruch dagegen zu erheben, kann somit der philosophischen Psychologie nicht einfallen; das würde die Grenzen ihres Problembereiches, des Bewußtseins, überschreiten. Aber damit ist auch noch gar nichts eigentlich Psychologisches zugestanden; denn über den besonderen Zusammenhang, in welchem auf jeder Entwicklungsstufe das Psychische etwa »aus dem Physischen« entsteht, ist damit noch gar nichts ausgesagt.

[182] Und die Biologie kann darüber auch unter allen Umständen nichts aussagen. Sie kann nicht vom Äußeren zum Inneren führen, vom Nervenprozeß zum Bewußtseinsvorgang, vom Objekt zum Subjekt. Sie kann es weder im Einzelnen, d.h. am einzelnen phylogenetischen Stadium, so sehr ihr dieses in seinen Funktionen klar sein mag; noch auch am Prozeß der Lebensbildung (Biogenese) überhaupt. Bei allen anderen Lebenserscheinungen kann sie – im Prinzip wenigstens – ein Bild geben, wie gerade »diese« spezifische, komplexe Resultante sich aus einer Reihe spezifischer Komponenten

zusammensetzt. Und wenn es hoch kommt, so kann sie auch zum Teil die innere Notwendigkeit und Gesetzlichkeit darin aufzeigen. Der Forschung als solcher wenigstens sind hier keine absoluten Grenzen gezogen. Denn überall ist das Erforschte ein Objekt, ein Naturgegenstand, dessen Prozeßcharakter in das allgemeine Schema des raumzeitlichen Geschehens hineingehört. Anders am Bewußtseinsproblem. Hier liegt das zu Erforschende in einer gänzlich anderen Dimension. Es entbehrt der Räumlichkeit. Der psychische Vorgang ist also von vornherein ein Vorgang ganz anderer Art als die Lebensvorgänge im engeren Sinn. Er ist auf jeder Stufe, auf der primären genau so sehr wie auf der höchsten, ein Eigentümliches, allem Naturgeschehen Entgegengesetztes. Man kann ihn nur auf Grund des ihm Homogenen erfassen, d.h. auf Grund dessen, was selbst bereits psychischer Vorgang ist. Deswegen steht die Biologie hier vor einem Grenzproblem, einem Letzten, das sie nicht wieder überschreiten kann. Ihre Methodik geht immer davon aus, daß sie eine Erscheinung in ihrer Zweckmäßigkeit erfaßt und dann diese in ihre Komponenten, die Teilprozesse, zu zerlegen und als Notwendigkeit zu verstehen sucht. Sie erschöpft sich daher in der Erforschung von Gesetzen spezifischer Komplizierung. Diese genügen ihr, weil sie hinreichen, das Zweckmäßige auf Grund des Gesetzmäßigen zu verstehen. Aber das Psychische läßt sich aus ihnen nicht verstehen; es ist etwas typisch Andersgeartetes allen wie immer komplexen raumzeitlichen Wirkungsweisen gegenüber.

Das ist der Grund, weswegen die Biologie für das eigentliche Bewußtseinsproblem nichts beitragen kann. Hier handelt es sich nicht um eine zeitweilige Rückständigkeit der Forschung. Auch ist ihr die Grenze hier nicht deswegen vorgezogen, weil es sich etwa um eine unendliche Totalität von Bedingungen handelte, die, wenn wir sie hätten, uns etwa die »Entstehung des Bewußten aus dem Unbewußten« verständlich machen würde. Sondern auch diese Totalität würde dann doch eben aus lauter objektiven, raumzeitlichen Prozeßmomenten bestehen, deren Summe immer noch ebenso objektiv-gegenständlich bleiben würde. Diese Grenze der Forschung ist nicht relativ, sondern absolut. Hinter ihr steckt keine unendliche Aufgabe. Diejenige Aufgegebenheit, die hier wirklich vorliegt, erstreckt sich auf etwas ganz anderes, nämlich auf die immanente Erforschung des psychischen Vorganges einerseits und des physiologischen andererseits, nicht aber auf ein Resultieren des ersteren aus [183] dem letzteren. Das letztere würde ein transzendentes Problem bezeichnen. Dieses gilt es als »Bewußtheits«-Frage (Cohen) vom rechtmäßigen, immanent psychologischen »Bewußtseins«-Problem zu unterscheiden. Von ihm muß die wissenschaftliche Methodik rein gehalten werden – nicht um das Bewußtheitsproblem zugleich philosophisch zu unterschlagen, sondern um ihm vielmehr seine richtige systematische Stellung anzuweisen.

Die vorsichtige Haltung, die an diesem Punkte geboten ist, darf es nämlich keineswegs übersehen machen, daß in der Problemkombination von Leben und Bewußtsein wirklich etwas Fundamentales und gerade für das philosophische Denken Unabweisbares liegt. Die Beziehung beider Begriffe aufeinander ist durchaus keine sekundäre, etwa fälschlich hineingetragene, so wenig als man dies von der allgemeineren Korrelation »Subjekt-Objekt« wird zugeben wollen. Ihre Verbindung, ja ihre ursprüngliche Bezogenheit aufeinander, trägt deutlich den Charakter der Wechselbeziehung. Das Bewußtsein schließt es bereits in seinen Begriff ein, daß es notwendig Bewußtsein eines Lebendigen ist. Denn alles Bewußtsein ist zunächst individuell. Es setzt also das »Individuum« voraus, in welchem es sich gegen das fremde Bewußtsein abschließt. Das Individuum aber ist biologische Kategorie. Dagegen erhebt erst das Bewußtsein durch seine Ichbeziehung das Individuum zur Individualität.

Aber das ist nur eine Seite an der tiefen Beziehung, die es hier aufzudecken gilt. Das Bewußtsein ist als solches gerade auch einer Reihe von biologischen Kategorien zugänglich, die es geradezu in ein Moment des Lebens umzudeuten scheinen. Dahin gehören solche Fundamentalbegriffe wie Deszendenz und Selektion. So wenig wir nämlich den Zusammenhang von Leben und Bewußtsein im einzelnen begreifen, so gut begreifen wir ihn im Allgemeinen, am großen Lebensprozeß. Es läßt sich durchaus verstehen, wie das Bewußtsein, wo es einmal im Entwicklungsgange der Tierwelt nur leise aufdämmert, notwendig sofort die Richtung eines Selektionsprozesses bestimmt. Denn, wie auch immer sein Zusammenhang mit physiologischen Prozessen sein mag, soviel ist gewiß, daß es in bezug auf das Leben des Individuums zweckmäßig ist. Der Mensch staunt allenthalben über die tiefsinnige Zweckmäßigkeit der tierischen Instinkte. Wo aber ist die Grenze zwischen unbewußter Instinkthandlung und Bewußtsein? Außerdem mischt sich das eine mit dem anderen. Die Bewegungen mögen noch lange instinktiv bleiben, wo bereits Geruchs- Gesichts- und Gehörsbilder, also Bewußtseinsmomente, bei ihrer Auslösung längst mit im Spiele sind. Bedeutet also die Sensibilität schon auf primitivster Stufe eine zweifellose Angepaßtheit, wie viel mehr dann die höheren Bewußtseinsfunktionen, in denen zuletzt ein Bewußtsein der Zweckmäßigkeit selbst sich herausbildet und somit Zwecktätigkeit möglich wird. Auf allen Stufen muß hier notwendig eine Steigerung des Bewußtseins durch das Überleben des Passendsten zustande [184] kommen. Daß das Bewußtsein sich ebenso wie andere Lebenscharaktere im Tierbereich kontinuierlich steigert, ist somit nicht nur keine theoretische Schwierigkeit, sondern vielmehr die größte Selbstverständlichkeit. Denn von der biologischen Zweckmäßigkeit des Bewußtseins zum Bewußtsein der Zweckmäßigkeit führt der geradlinige Weg phylogenetischer Aszendenz.

Aber für das Problem, »wie« überhaupt Bewußtsein inmitten der Lebensbedingungen entstehen kann, ist damit durchaus nichts gewonnen. Wir verstehen dadurch weder sein phylogenetisches Auftauchen als solches, die ursprüngliche Produktion von Bewußtsein überhaupt, noch sein beständiges ontogenetisches Wiederauftauchen, die Reproduktion des Bewußtseins im einzelnen Individuum. Es ist und bleibt eben unmöglich, mit den Mitteln der Biologie in das Wesen des Psychischen einzudringen. Und so dürfte es nun immer klarer werden, daß das Grenzproblem, welches wir hier berührt haben, auch eine Problemgrenze ist. Und wenn man hinzunimmt, daß jenseits dieser Grenze gleichwohl ein Gebiet liegt, welches der Forschung durchaus zugänglich ist – nur eben nicht der »biologischen« Forschung –, so erweist die Problemgrenze sich als doppelseitig, d.h. als eine solche für zwei heterogene Forschungsmethoden; oder, wie man das in einem Terminus zusammenfassen kann, sie ist die »Problemscheide« von Physiologie und Psychologie.

Es hat Wert, diesen methodischen Grundbegriff in aller Schärfe festzuhalten und ihn dabei zugleich so zu fassen, daß er die durchgehende und übergreifende Problembeziehung beider Gebiete nicht aufhebt, sondern nur klarstellt. Man darf die »Problemscheide« nicht so auffassen, als könnte oder dürfte sie selbst den Problemzusammenhang unterbrechen, das beiderseitige Hinüberzielen und Hinübergreifen hindern. Das würde aus der einheitlichen Welt, deren Prinzipien einheitlich zu fassen die Aufgabe der Philosophie ist, willkürlich zwei Welten machen. Nur Bestimmungen kann niemals die eine Problemseite für die andere geben; wenigstens nicht für das Eigentümliche in ihr. Die Problemlinien, die hier aufeinanderstoßen, sind viel weiter als die Gebiete, auf denen ihre äußersten Endglieder zusammentreffen. Die systematische Perspektive, die das ergibt, ist sehr weit, aber klar und einfach. Die objektive Seite des

Problems kommt aus den allgemeinen logischen Fundamenten, in welchen die Prinzipien des Denkens mit denen des Seins zusammenfallen. Hier hat das Subjektive und das Objektive seinen einheitlichen Ausgangspunkt für alle möglichen, verschiedenen Problemrichtungen. Das objektive Problem nun steigt von hier aus sich komplizierend auf zum mathematischen, mechanischen, physikalischen, chemischen und biologischen Gegenstand; und im letzteren stößt es in der Nervenphysiologie auf die Problemgrenze des Subjektiven. Vor dieser muß es in seinen wissenschaftlichen Bestimmungen haltmachen. Aber als Problemstellung [185] geht es durch und greift hinüber, denn es muß sich die Möglichkeit offen halten, alles Psychische auf physiologische Bedingungen zu beziehen. Und umgekehrt geht das psychologische Problem von jenen selben Prinzipien aus, die es mit dem objektiven gemeinsam hat, um von da weiter abwärts in die primären Stufen des Bewußtseins einzudringen. So geht es vom wissenschaftlichen Denken zurück auf das konkrete Denken, von diesem weiter auf die Vorstellung und deren niedere Stufen, bis es schließlich bei einem letzten Nachweisbaren anlangt, das nur noch die unselbständige Bedeutung eines »Anzeichens« hat. Das ist die Empfindung, die allemal auf ein Objektives bezogen ist, und die dadurch ihren Zusammenhang mit spezifischen Nervenreizen bekundet. Hier stehen wir also auf der anderen Seite der Problemscheide. Und genauso wie auf der objektiven finden wir auch hier keinerlei Möglichkeit, »durchgehende« Bestimmungen zu geben. Aber ebenso auch macht die Problemstellung als solche vor der Grenze nicht Halt, sondern erhebt den Anspruch, alles Objektive, dessen Anzeiger die Empfindung ist, in subjektive Momente umzusetzen. Und dieser Anspruch ist philosophisch ebenso bedeutsam wie der umgekehrte der Physiologie; beide decken sich dem Inhalt nach, und sind doch in ihrer Richtung einander entgegengesetzt. Die Problemrichtungen durchdringen einander. Sie gehen als Fragestellungen tatsächlich »durcheinander«; und in diesem Sinne dürfte man, statt von »Parallelismus«, nur von einem »Diallelismus« sprechen. Aber zugleich bleibt auf beiden Seiten die wissenschaftliche Methodik mit ihrer Kompetenz, Lösungen zu geben und Bestimmungen zu treffen, hinter der Fragestellung zurück. Auf beiden Seiten tritt die kritische Bescheidung ein; die Problemscheide bleibt gewahrt. Es kommt weder in der Psychologie zu einer Subjektivierung des Objektiven noch in der Physiologie zu einer objektiven Konstituierung der Bewußtheit. Die erstere Anmaßung würde einen willkürlichen, metaphysischen Psychologismus, die letztere einen ebenso willkürlichen metaphysischen Physiologismus, und letzterdings Materialismus ergeben. Und diejenigen dogmatischen Systeme, welche von alters her das leisten zu können gemeint haben und ihre Bestimmungen über die Problemscheide hinweg transzendieren ließen, haben in Wahrheit die Bestimmungen, die sie gaben, auf ganz anderem Wege gewonnen und sie nur hinterher willkürlich umgedeutet.

Für das Bewußtseinsproblem auf biologischem Boden darf man hieraus die Konsequenz ziehen, daß es dem

Psychischen in seiner Eigenart keinen Eintrag tun kann, ins Lebensproblem hineingezogen, ja auf Deszendenz und Selektion bezogen zu werden. Denn zu einer konstitutiven Erklärung der Bewußtheit kommt es sowieso auf diesem Wege nicht – wenigstens nicht für die wissenschaftliche Einsicht. Deswegen leistet die Biologie für die Psychologie als solche auch keinen Beitrag, so tief immer ihre Beziehungen zu ihr sein mögen.

Nicolai Hartmann – Leben und Werk

(Zeittafel)

1882	Nicolai Hartmann wird am 7. Februar im seinerzeit russischen Riga (Lettland) als Sohn des Ingenieurs Carl A. Hartmann (1849-1890) und dessen Ehefrau Helene, geb. Hackmann (1854-1939) geboren
1897–1901	Besuch des Gymnasiums der deutschen Katharinenschule in St. Petersburg
1901	Abitur, anschließend Hauslehrer in Litauen
1902–1903	Studium der Medizin in Dorpat (Estland)
1903–1905	Studium der klassischen Philologie und Philosophie in St. Petersburg
1905	Fortsetzung des Studiums in Marburg bei den Neukantianern Hermann Cohen und Paul Natorp. Beginn der Freundschaft mit Heinz Heimsoeth (1886-1975)
1907	31. Juli: Promotion mit einer Arbeit *Über das Seinsproblem in der griechischen Philosophie vor Plato* (Dissertation, Marburg 1908)
1909	*Platos Logik des Seins* sowie die Habilitationsschrift *Des Proklus Diadochus philosophische Anfangsgründe der Mathematik*
1910–1918	Stipendium
1911	Heirat mit Alice Stepanitz
1912	Geburt der Tochter Dagmar
1914–1918	Kriegsdienst als Dolmetscher, Briefzensor und Nachrichtenoffizier

1919	Privatdozent an der Universität Marburg. Bekanntschaft mit Martin Heidegger
1920	Ernennung zum außerordentlichen Professor an der Universität Marburg
1921	*Grundzüge einer Metaphysik der Erkenntnis*
1922–1925	Ordentlicher Professor an der Universität Marburg (als Nachfolger auf dem Lehrstuhl von Paul Natorp)
1923	*Die Philosophie des deutschen Idealismus. I: Fichte, Schelling und die Romantik*
1925–1931	Ordentlicher Professor an der Universität Köln. Kontakt mit Max Scheler
1926	*Ethik*
1929	Heirat mit Frida Rosenfeld (1902-1988). *Die Philosophie der deutschen Idealismus. II: Hegel*
1930	Geburt des Sohnes Olaf
1931–1945	Professor für Theoretische Philosophie in Berlin. Entstehung der ontologischen Hauptwerke
1932	Geburt der Tochter Lise
1933	*Das Problem des geistigen Seins*
1935	*Zur Grundlegung der Ontologie*
1938	*Möglichkeit und Wirklichkeit*
1940	*Der Aufbau der realen Welt*
1942	*Neue Wege der Ontologie*
1945-1950	Ordentlicher Professor an der Georg-August-Universität in Göttingen
1949	*Einführung in die Philosophie* (Nachschrift einer Vorlesung im Sommersemester 1949 an der Universität Göttingen)
1950	Hartmann stirbt am 9. Oktober an den Folgen eines Schlaganfalls. *Philosophie der Natur*
1951	*Teleologisches Denken*
1953	*Ästhetik*

Reihe »Intentio Recta«

Band 1

Nicolai Hartmann: Neue Wege der Ontologie, hg. von Thomas Rolf (Verlag: BoD - Books on Demand, 2024, 166 Seiten, 15 Euro, ISBN: 9-783-7597-1205-9)

Band 2

Nicolai Hartmann: Einführung in die Philosophie, hg. von Thomas Rolf (Verlag: BoD - Books on Demand, 2024, 277 Seiten, 20 Euro, ISBN: 978-3-759-76728-8)

Band 3

Nicolai Hartmann: Die Erkenntnis im Lichte der Ontologie, hg. von Thomas Rolf (Verlag: BoD - Books on Demand, 2024, 130 Seiten, 15 Euro, ISBN: 978-3-759-77866-6)

Band 4

Nicolai Hartmann: Philosophische Grundfragen der Biologie, hg. von Thomas Rolf (Verlag: BoD - Books on Demand, 2025, 224 Seiten, 19 Euro, ISBN: 978-3-819-20945-1)

Informationen zum Herausgeber:
www.thomas-rolf.de